世界文化艺术
伟人传记丛书

达利的世纪

[法]让-克里斯多夫·阿基雷 著
丁放鸣 谢芳 译

作家出版社

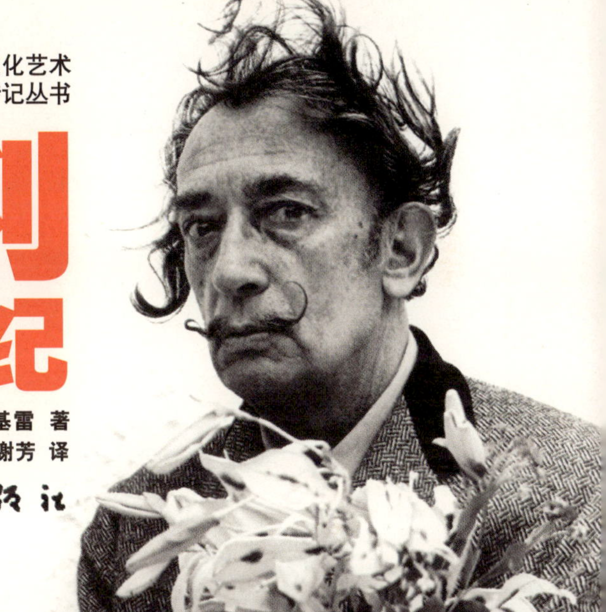

（京权）图字：01-2008-5351

图书在版编目（CIP）数据

达利的世纪/（法）阿基雷著；丁放鸣，谢芳译，-北京：作家出版社，2008.11
ISBN 978-7-5063-4492-0

Ⅰ.达… Ⅱ.①阿…②丁…③谢… Ⅲ.传记文学-法国-现代 Ⅳ.I565.55

中国版本图书馆CIP数据核字（2008）第182477号

Chasse Litté 策划：猎文文化发展有限公司

达利的世纪

作者：（法）让-克里斯多夫·阿基雷
译者：丁放鸣 谢芳
责任编辑：启天
装帧设计：视觉共振设计工作室
出版发行：作家出版社
社址：北京农展馆南里10号 **邮码**：100125
电话传真：86-10-65930756（出版发行部）
86-10-65004079（总编室）
86-10-65015116（邮购部）
E-mail: zuojia@zuojia.net.cn
http://www.zuojia.net.cn
印刷：北京中科印刷有限公司
成品尺寸：150×188 **字数**：60千 **印张**：4.25
版次：2008年11月第1版
印次：2008年11月第1次印刷
ISBN 978-7-5063-4492-0
定价：22.00元

——献给桑德琳娜、罗伊和伊夫

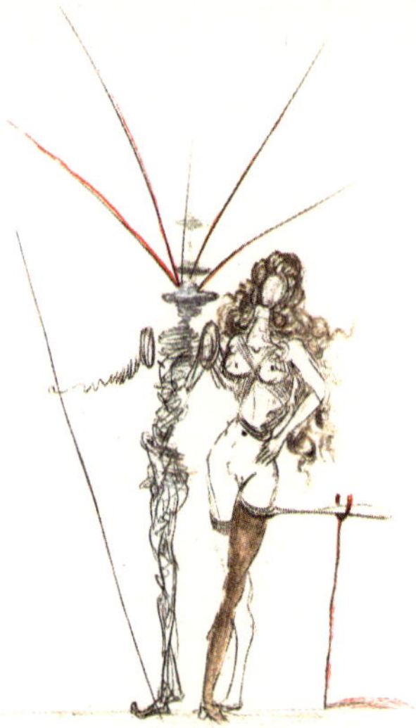

阿波里奈尔文集卷首插画。
铜版画，达利作于1966年。

通过传奇轶事来走近达利，对我来说不是一件多大的难事，因为我有幸也有特权同这位二十世纪的伟大天才接触，而本书主要就是从这个视角出发的。

虽然我初临人世的第一声啼哭不是“达——利——”，但这个名字也一定是到了我的嘴边。因为最初的记忆后来告诉了我许多事情，这需追溯到我出生仅仅两小时以后，随后我会依次道来。

1966年5月22日，精确地说是下午两点，一个叫皮埃尔·阿基雷的人喜气洋洋地对神圣达利宣布，他的儿子出生了。达利这时正准备离开巴黎的莫尔瑞斯饭店去香榭丽舍大街的雷多耶餐厅午餐，并且已经穿好了外套，此刻他在原地停下来，请人拿来一张铜版和一把红宝石的雕刀。倚靠在弯曲的左臂上，手上还握着拐杖，他开始雕刻铜版，自始至终就这么站着。二十分钟里，他就采取这种最不舒服的姿势，雕刻了一幅非常精细漂亮的铜版画。后来，此画做了阿波里奈尔[1]文集的卷首插画。而当时是为一位朋友和编辑的即席创作的礼物，是祝贺他的新生儿降临的纪念品。

皮埃尔和吉纳维芙·阿基雷——我的父母——于1959年与达利结识，当时他们委托他为他们的第一本插图本美术书创作一幅铜版画。他们对这位艺术家无比钦佩，而幸运的是，他们与达利很投缘。二十年以后，这幅最初为《诗歌的魔法》所作的插图，已让位给了大约两百幅其他的作品，而阿基雷夫妇，由于编辑的图书质量俱佳，也跻身于一流美术编辑的行列。我父亲那架禄来福照相机，常常叫人怀想他年轻时的记者生涯，也曾用来永久定格同大师度过的几个不寻常的时刻。

这种深入而持久的合作，带来的直接结果是，我从一开始就浸淫在达利长生不老的神话里。达利的名字没有一天不在我的耳边嗡嗡作响。就像是神话或奇幻的英雄史诗代代相传一样，我的童年和青少年时代，都是听着达利的传奇故事长大的。

不过我必须承认，当时我对所有这一切都比较漠然。我既不懂得这所宅子中不同的房间里堆集的所有雕刻作品的重要性，也不懂这个拿着手杖，乘着卡迪拉克房车来来去去的髭须绅士造访的意义。在我六七岁的年纪，我对同他玩足球的兴趣大得多，要不

1　纪尧姆·阿波里奈尔（Guillaume Appollinaire, 1880-1919），法国著名诗人、小说家、剧作家和文艺评论家。——译注

序言

就是用花园的软管对着他身边那位优雅的女士（穿着夏奈尔外套的加拉）洒水，把父母的连哄带劝当耳边风。“随他去吧，”大师总是这么说，“这证明他有个性。”

等到我终于长大，能认识到萨尔瓦多·达利到底是怎样的人，并且比以前更渴望接近这个大人物时，偏偏疾病、长时间的痛苦挣扎以及最终的死亡，使他渐渐同我的世界疏远了。所以，与我的父母不同，他们是在他的盛年同他结识的，而我对这个人的印象源于童年的记忆，源于对他的作品与公共生活的熟悉。但甚至更多的源于天长日久，一遍又一遍听来的许许多多的故事。

现在，作为一个从业将近二十年的艺术经纪人，并为阿基雷家族经管着达利作品的许多宣传推销活动，我同这个伟大艺术家仍有着剪不断的联系。随同达利作品在世界各地展览期间，我已见证了公众（不同年龄层次，不同社会地位与教育经历的人）对萨尔瓦多·达利及其作品的广泛反响。

借这五十个故事，我试图凸现他个性中许多不同的棱面，在描绘一幅我希望能生动而逼真的肖像时，尽可能地考虑到读者感兴趣的问题。在这样做时，我有意聚焦于那些真实可信的一手材料和信息来源，摒弃那些常常是武断、夸张然而可信度不高的陈述。

我要向那些在本书的撰写过程中，所有给了我任何帮助的人，表示最衷心的感谢。

首先要感谢的是，所有充满热情的达利爱好者，他们依然是“达利迷”圈子中亲密的核心成员：约翰·彼得，凯瑟琳·摩尔，罗伯特·德尚尔内，马克和西尔内斯·拉克鲁瓦，当然还有吉纳维芙·阿基雷——我的母亲。他们通过这种联结我们的热情，使我能复活这些纪念物和影像。

其次要感谢那些已去天国见他们偶像的前辈，是他们的著作与故事，给了我宝贵的帮助来再现萨尔瓦多·达利。他们是雷诺兹·摩尔斯，艾伯特·菲尔德，约瑟夫·弗雷特，路易斯·鲍威尔斯，菲利斯·卢卡斯，皮埃尔·罗梅格热，当然，还有我的父亲皮埃尔·阿基雷。

第三要多谢那些热心肠（达利的崇拜者从不冷淡），当达利百年诞辰之际，他们的热情已然给了大师一份应有的法国人的敬意。他们是克里斯多夫·巴基，洛朗·特朗尼埃，伊夫·热戈，让·卡萨格兰，让·保罗·阿尔杜伊和佩皮尼昂市“世界中心”。最后，非常感谢杰弗里·格莱斯，迈克尔·高尔费和黛安·皮克林的友好协助，将此书译成了英文。

让-克里斯多夫·阿基雷

目录

一个天才的孩童时期是个什么样子呢？达利的少年折射出他未来的人生之路。他受好几个大人物的影响，反正统，亵渎神明；而且好吸引别人的注意力：艺术的前奏……

1 年轻时代

……"既然不会有比死亡更糟糕的事情发生，我也就啥事都不会有。因为我已经死了"……

《卵生的达利》，菲利普·哈斯曼摄于1942年。哈斯曼与达利于1941年相识，随后二人合作，直到摄影家于1979年去世。

出生证明

萨尔瓦多·达利初临人世就不同寻常，尽管他也一样有哭有笑，备受呵护。命运选择了他，也许是出于嘲弄，也许是要指出一个异数与一个凡人之间的本质区别。

我们每个人，只要是想在某地登录社交界，就要获得一张出生证明……唯一的一张。可是萨尔瓦多·达利却有两张！

1901年10月12日上午11点，一个萨尔瓦多·达利·多门尼奇出生于菲格拉斯，父亲是萨尔瓦多·达利·库希，母亲是菲利帕·多门尼奇·费丽斯。但是，一个常常被传记作者们忽略的事实是，不久之后，在1903年8月1日下午5点，那个纯真的孩子就一命归西了。

达利的父亲，萨尔瓦多·达利·伊·库希，菲格拉斯的一个公证员，摄于1904年前后。达利出生时，他41岁。

这场夭折不仅对达利的双亲来说是一场悲剧，同时也在这个加泰罗尼亚小村庄里引起了人们的叹息。在这里，每个人都知道别人的事情。

于是他的父母再次尝试，这个孩子死后9个月加11天，也就是1904年5月11日，上午8点45分，另一个萨尔瓦多·达利出生了，这个达利我们都认识他，他将拥有20世纪余下的岁月，度过人生的85个春秋。

好像性别、教名相同还不够似的，达利的父母总想在小达利身上唤醒他那死去的哥哥的幽灵。

他的教养中这种不同寻常的且相当病态的一面，在他的性格中留下了无法消除的痕迹，这也是理解他的作品的某些特点，以及他那怪诞、过激而又充满活力的性格之关键。深知自己是个双重角色，可以这么说吧，他不得不证实自己的唯一性。

“自打出生起，父亲就对我溺爱有加，这份爱不仅是给我的，也是给我那死去的哥哥的。一种自恋的创伤几乎耗竭了我的理智，但我的天才将它控制住了。因为加拉，这种创伤甚至无需太多的治疗，就变成了多产的作品。”

••••••“三岁时，我想当一名厨师。五岁时，我想成为拿破仑。我的野心一直在不断膨胀，现在，我渴望成为萨尔瓦多·达利”••••••

达利一家摄于1910年。从左往右：玛丽·特蕾莎姨妈，达利父母，达利（六岁），拉·铁塔，安娜·玛丽亚（小妹妹）和祖母安娜。

童年的恶作剧

无疑的，在宽容而又呵护过度的父母的纵容下，小萨尔瓦多决意我行我素。这个被宠坏了的孩子，淘气而又反复无常，有时竟到了残忍的地步。他很快就成了一名人格可疑的恶作剧的高手。

有趣的是，达利终生引以为豪的想给人“戴绿帽子”的冲动，就是在五到七岁这一段时间激起的。正是这个时候，他决心将他与社会的相互关系，建筑在系统地运用他的奇思怪想或是对“他人社会”的反叛之上，这个社会包括家庭，朋友，父母，教师，等等。这是一个他决不会融入其中、并且始终会用戏谑的恶作剧来对付的社会。在这个过程中，他要成为他自己，一个特立独行的不可同化的自己。

十岁那年，他进入菲格拉斯的玛利亚小兄弟会学校。他的一头长长的金色鬈发，肥大的裤子，配着松软领带的衬衫，斗篷与鞋罩，使他看上去已然“与众不同”。在镇上，他还是《人文》杂志的唯一订户，阅读了所有革命哲学家的作品。

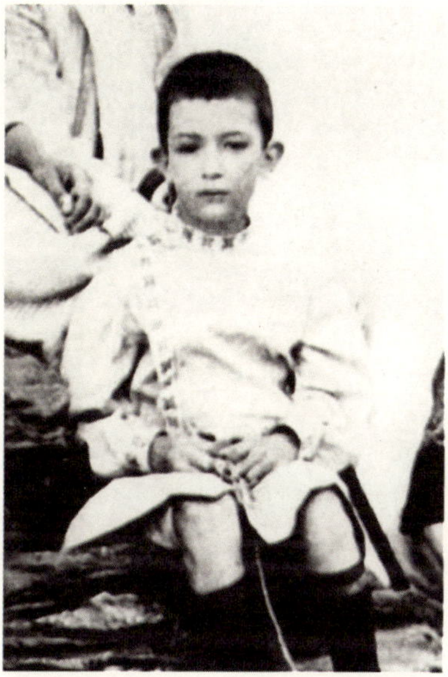

小萨尔瓦多六岁时，“看上去”像个模范儿童。

尽管他吹嘘自己是一个“像老爸一样的无政府主义者”，这个菲格拉斯政府公证员的肖像《黄昏中的老人》（达利作于13岁）却一点也不讨人喜欢。“我经常伤害我的父亲。出于自尊自大和阴险狡猾。”他后来承认道。

注意到他的父母对他每一次大便都格外关注（尽管他非常健康）之后，他热衷于躲过他们的眼睛来做这件事，在房子里找些最稀奇古怪的地方来隐藏他的粪便，像柜子的抽屉底下就是他最喜欢的地方。

他满屋子奔跑叫嚷着：“我拉屎啦！”随后当人们问他拉在哪儿时，他却假装记不起了。于是父母和仆人们只得检查每一个房间，侦察每一处不可思议的藏所。

……萨尔瓦多·达利·多门尼奇出席了这场考试，但是，当要他选择三个课题时，只听他回答："不，圣·费南多学校的老师谁也没有能力来对我作任何评价，我打算退出。"1926年6月14日，他在马德里中学获得了油画、雕塑、版画的合格证书……

在马德里皇家艺术学院的裸体画室里，摄于1922年前后。底排左边是达利，学校里发问刁钻的学生。

叛逆的学生

马德里皇家艺术学院的档案证实，年轻的萨尔瓦多·达利，于1922–1926年期间，在这所古老的学院度过了四年，但是，在四年求学生涯中，他的非凡的叛逆精神，显然比他任何一种绘画天才更为著名。

他孜孜不倦地画画，有了第一批展品，与洛尔卡和布韦尔成了好朋友。而对所授的各门功课，他的兴趣却是很有讲究，实质上是很挑剔的。

1925年，达利在巴塞罗那达尔莫画廊举办第一次个人展览。在那里，他引起了米罗的注意。

第二学年，当校长宣布一位萨尔瓦多认为不称职的人要来做他们的新老师时，他当即离开了教室。为此，他被学校开除一年。而事情并未到此结束。同学们利用这件事作为政治示威的一个借口，为此，达利很快被指认为煽动者而遭到问罪，并被判处35天的监禁。

他很快从禁闭中恢复过来，这次监禁在他看来是“一个思想和工作的好机会”，一年之后，他重新回到学院。1929年，在初次去巴黎，与毕加索见面之后，正逢期末考试。老师叫他从三个随机选择的题目中挑选一个，可他对主考官的基本能力表示怀疑，随后自愿退出。这次他太过分了，最终被学院开除了。

萨尔瓦多·达利，作为学生，得到了一份最令人惊奇的总结报告：

古代艺术史：特优。
解剖学/雕像素描/人体素描：优。
浮雕/色彩和构图/动态素描：拒考。
建筑形式研究/科学制图：缺考。
现当代艺术史：据纪律咨询委员会决定除名。

……“我对酒店经理解释道：我是一个君主主义者，可你们竟然剥夺了我的国王的宝座”……

达利在凡尔赛宫路易十四的雕像下。这位煽动效应、富丽堂皇的喜好者，从不掩饰他对君主主义的同情。

国王的宝座

达利喜欢说他是一个君主主义者，每当这时他在这方面无疑是完全真挚的。他同国王的初次见面可追溯到1922年。当时阿方索十三世到马德里的皇家艺术学院作正式访问，而这个18岁的加泰罗尼亚人正是这个学院的学生。

这次访问多少有点滑稽，因为这位君主当时很有争议。另外，这所学校因为对健康不利，实际上很少有学生报名。为了掩盖这种情形，校长集合了所有的班组，显然是要禁止他们犯任何一点微小的罪过，或是稍有失敬之处，于是命令他们从上到下清洁学校。

但是最哄人的把戏是，责令学生通过室内楼梯从一间房奔到另一间房，给国王造成一种学校遍地都是艺术幼苗的印象。其实始终就那么几个同样的人，国王有时是从正面看到，有时又是从背面看到的……

无论如何，这次可笑的访问激起了达利的想象力，多年后，他对君主的赞美几近崇拜的地步。每年，大师都将他在巴黎的总部安置在默尔瑞斯饭店阿方索十三世住过的套间里，这也不是纯然的巧合。

阿方索十三世（1886-1931），西班牙国王，他曾到马德里的艺术学院做过一次难忘的访问。

当达利发现套房的旧木制马桶座圈换成了塑料座圈时，他的愤然抗议令这家豪华酒店大为震惊，直到从垃圾堆里找回那个丢弃的座圈。验明刻在上面的题字是真实无误的，他这才满意。随后，大师将这件宝贝带到了他在利加特港的家里。

“为何这般大吵大闹呢？”“我想要这个座圈，因为它有文饰，而且，它曾荣幸地触碰过阿方索十三世的睾丸。”达利反驳道。

加拉与达利：一桩一见钟情的风流韵事，延续了半个多世纪。

……“多年来，我靠错误而幼稚的理论指导生活，是加拉治好了我的极度恐惧与痛苦。若是没有她，我早就疯了”……

加拉征服达利

伊莱娜·季亚科诺娃是她的本名。俄国人，生在喀山。据传记作者们的估计，出生日期是1890-1896之间的某个时候（她自己从未对此作过解释）。这位未来的加拉·达利，是一个命运奇特、不同寻常的女子。她一开始就同情那个男人，她将与他同甘共苦度过五十三年……

诗人保尔·艾吕雅（1895-1952），加拉的前夫

第一次大战结束后她立即来到瑞士，在这里认识了尤金·格林德尔。他后来以保尔·艾吕雅的笔名成了著名的诗人。最初是他叫她加拉，后来她就采用了这个名字。他们不久就结婚了，有了一个女儿，名叫塞西娅。

但是在1923年，这对夫妇玩起了一个在当时看来既标新立异又大胆鲁莽的游戏：三角家庭。这个可憎的三角由反复无常而又愿打愿挨的保尔·艾吕雅、年轻的超现实主义画家马克斯·恩斯特和加拉组成。优柔寡断的加拉夹在丈夫和情人之间，由他们俩人爱慕着她。这种组合，为当时超现实主义者们带来了许多快乐。直到马克斯·恩斯特的妻子坚决反对才解散。

因此，这是一段暧昧的、脆弱的婚姻。1929年夏天，夫妇俩带着他们11岁的女儿，和几个朋友（包括玛格丽特）一道，来到康达克斯造访年轻的萨尔瓦多·达利。当时有关这个加泰罗尼亚人的传闻满天飞。他们都想更多地了解他的艺术和某些倾向。尤其是在最近的绘画中明显表露出来的对粪便的过分兴趣，他们觉得令人尴尬。

那年的8月无论究竟发生了什么，年轻的萨尔瓦多的古怪显然未使加拉感到不快。她探测着他性格的神秘，一天比一天依恋他。假期结束时，丈夫、女儿和朋友们各自回家了，留下他们这新组成的一对：一个是达利，从近乎歇斯底里的迷乱进入热恋的疯狂之中；一个是加拉，她用比以往任何时候都更坚定的口吻，在她的新爱人、将来的丈夫耳边喃喃道："我的小东西，从今往后，我们将永远不分离……"

……“世界上唯一一件决不可能餍足的事，就是夸张”……

超现实主义团体的几位成员摄于1930年，从左至右：安德烈·布勒东，萨尔瓦多·达利，勒内·克雷韦和保尔·艾吕雅。

被超现实主义开除

1934年2月5日，星期一，达利如期来到枫丹白露路42号，安德烈·布勒东的家，这是超现实主义者的活动场所。所有成员都收到了那天的议程，上面写道："达利赞美纳粹法西斯主义，犯有数桩反革命行为罪，本文签署者建议将此法西斯主义分子开除出超现实主义团体，并采取一切手段与之作斗争。"

五年前达利就加入了这个团体，这个行为古怪的人，很久以来就想同超现实主义的"教皇"及其主教们决裂。他将成为众多分裂者中的第一人。他对希特勒的描述，诸如"一个怪诞至极的、迷人的超现实主义者"，一份地道的"可口美味 "，成了最终的导火索，显然就是这种结局。

在这个超现实主义的营垒当中，阿拉贡是一个坚定的共产主义者，他完全不能接受这种言行，于是成了达利最恶毒的反对者。布勒东本人对这个加泰罗尼亚人和他的偏执狂批评方法颇为欣赏。发现自己不得不就此事表明立场，否则就有大权旁落之虞，他的举止显得把握不足。

附属于一个运动，像超现实主义者那样，这与达利挑衅的、独立的精神格格不入。此外，无所禁忌的挑衅，已成为他的第二天性。在他看来，那十二个运动成员，骨子里都属于冷漠的中产阶级。"超现实主义者与我自身的区别在于，我就是超现实主义。"后来他常常以此话自娱。

但是那天等待审判达利的法庭，见证了一场可以想象却极其惊人的超现实主义的脱衣秀。大师到达时还在发烧，口里含着一支体温计。他身穿六七件厚厚的毛线衫，当指控劈头盖脑砸向他时，他一件件地开始脱衣。并大声朗读洛特雷阿蒙的诗。最后他将袜子脱了，拜倒在布勒东这个审判者脚下，说道："每晚我都梦见操你的屁股。"对此，这个超现实主义的教皇迟钝地回答道："我不会赞成的！"

安德烈·布勒东（1896-1966）：超现实主义的强硬领导。他决定将达利革出山门。

……"看到我这么出名，父亲的痛苦也许会获得百倍的报偿"……

达利的父亲（86岁）和妹妹安娜·玛丽亚，1949年同新近从美国回来的萨尔瓦多在一起。父子俩于1940年和好。

萨尔瓦多·达利·伊·库希，神圣达利的父亲，是菲格拉斯的公证人，因此多少也算个公众人物。尽管他相当宽宏大量，甚至还自称为无政府主义者，但在世纪之交的加泰罗尼亚，他仍然还有一定的名望需要维护。可是这个煽动叛乱的儿子却叫他深感苦恼……

就算父亲同意达利学艺术，他也是期盼他成为一个教师，而不是一个画家，当然更不是一个因丑闻而被学院开除的画家。但是当达利加入超现实主义运动之后，他父亲的烦恼更是火上浇油了。如今在他的眼里，儿子不过是个小丑而已。

但是，当他的儿子和继承人在巴黎展出的一幅画上写道："有时我喜欢在我母亲的画上吐痰"时，他真的忍无可忍了。萨尔瓦多的母亲当时已去世8年，他的父亲已和前妻的姐姐再婚了。这使得这些话的意思容易引起误解。笔者认为，这话也许不是针对这个女人说的。

达利和他的妹妹安娜·玛丽亚1926年在加达克斯。

无论如何，达利的父亲已经非常疑心加拉，这个"女投机家"，一个已婚妇人，又比儿子老，何况还是个俄国人，将不会和他再有什么关系。萨尔瓦多意识到这一次可能是有点过分了，于是试图让安娜·玛丽亚，他心爱的妹妹，以及拉斐尔，他的慈祥的叔叔，为他从中调解……但是父亲的回答是冷漠的拒绝。

只是到了十九年之后，萨尔瓦多与加拉从美国流放归来，他们才重新团聚。父亲曾对他说的最后一句话是："你会像一只一贫如洗的虱子一样了结一生。"而这对夫妇下了大力气来驳倒他冷漠的预言。七月中旬，一辆巨大的黑色凯迪拉克，载着裹着貂皮大衣的加拉，一路隆隆驶进了加达克斯！

••••••绘画，雕塑，文学，电影，戏剧……对神圣达利来说，没有哪一个创造性的领域是神秘的，一个卓越的艺术家，无论他走到哪里，他丰沛的艺术创造力都会留下天才的踪迹••••••

2 富有创造力的艺术家

……“绘画无论好赖，都在最大可能的程度上，综合并展示了我的知识和感觉力的各种映像”……

30年代，萨尔瓦多·达利正在为他的下一个画展绘画。其时他开始成名了。

勤勉的画家

只有在一个领域，萨尔瓦多·达利是从不虚张声势，也决不是百无一用或是拿花架子哄人的。这就是在他身为一个画家的工作中。和谐宁静的利加特港，那间舒适的画室，是只有加拉才有权利打搅的地方，她经常在这里给他读书。就在这里，产生了他那决不弄虚作假的东西，他的作品。

黎明即起，他径直走到画架跟前。开始作画前，他可能会在白色的画布前呆上几天来思考，不动一笔一刷，只在脑海中安排主题的每一个细部和构成。通常他会过度兴奋，这样的时刻，他会无比的耐心，有时会花上几个月时间来为那些大作添上最后几笔。

例如《佩皮尼昂车站》，他连续几个钟头用极细的一两支毛刷，完成了画中央的那只小木鞋，就为了突出最微细的轮廓线、阴影和透明度。在他看来，为了成功地表达他的想象，神秘必须从绝对的正确性中流露出来。

像每个艺术家都会遇到的，每一件完成的作品，尽管它已退居其次，或是另有所属，可是在他的心里仍然是珍贵的。一次，他接到由华盛顿国立美术馆打来的电话，说是早在十年前获得的他那幅著名的油画《最后的晚餐》，中间的黄色已开始变色了。至少博物馆的管理员看来如此。为此他非常担心。

于是立即同他的秘书赶往华盛顿。结果当天博物馆不开门。他将自己的身份解释一番之后，保卫同意放行，但是必须由五六名博物馆工作人员组成的一个卫队陪同。因为在他所站的地方无法看清任何东西，为了更近地察看，他推了推鼻尖上的眼镜，敏捷地跃过油画前的栅栏。

就在这时，他和他的秘书立即被逮住了。他们被保卫强行带走，不由分说。保卫早就怀疑这个留着两撇小胡子的奇怪的家伙。急急忙忙就将这位勤奋的画家当成了故意破坏艺术品的违法者。

达利在温森斯动物园绘画。

……“大师认为我的电影是一个失败之作，虽然他也不否认他与别人不一样，人们会看出他在其中所起的作用。拍摄是一场连续不断的斗争，但是与达利战斗比同一个低能儿战斗要好得多”（让-克里斯多夫·阿韦迪）……

达利的工作堪与任何顶级大师媲美。上面是他为阿尔弗雷德·希区柯克导演的《魔咒》（由格里高利·派克和英格丽·褒曼主演）所设计的布景（1945）。

达利拍电影

在年轻时代，大师就对把电影作为超现实主义思潮的媒介很感兴趣。1929年，他同他的朋友布努艾尔在作品《一条叫安达鲁的狗》中的密切合作，就是达利对电影情有独钟的真实反映。第二年，他以《黄金时代》再次触怒了世人。这两部重要的影片是他进入超现实主义圈子的入场券。

尽管这两部作品获得了有争议的成功，达利还是很快就放弃了电影。他无法忍受这种表现方式的集体性质，他想制作每一场都由他亲自导演的电影，事实上这是一件难以胜任的工作。“摄影师是白痴，导演也是白痴。当然啦，最终的结果无非是一打白痴的作品。”他经常这么唠叨着。

1945年，他与希区柯克合作著名的《魔咒》梦系列，接着与马克思兄弟合作一个项目，随后流产。为迪斯尼拍的动画片《命运》仅开了个头，只拍摄了8秒钟就放弃了方案。

他还有过两次尝试，一次是1954年同他的朋友迪斯查勒斯制作《维美尔的制带人》，第二次是1966年制作《柔软的自画像》，这是达利与阿韦迪这两个富有激情的伙伴愉快的合作，在美国发行（达利的声音由奥森·韦尔斯配音）。可是在法国经过了历时六年的审查。

事实上，电影并没有真正对神圣达利发出微笑。这种感觉是共通的：“绘画是纯粹的艺术工作，因为绘画通过画家的眼睛进入心中，再通过画家的手表现出来。中间没有障碍。

达利和加拉同迪斯尼夫妇在一起。达利和迪斯尼一起拍摄《命运》。这是一个雄心勃勃的超现实主义的动画片工程，却从未见公之于世。

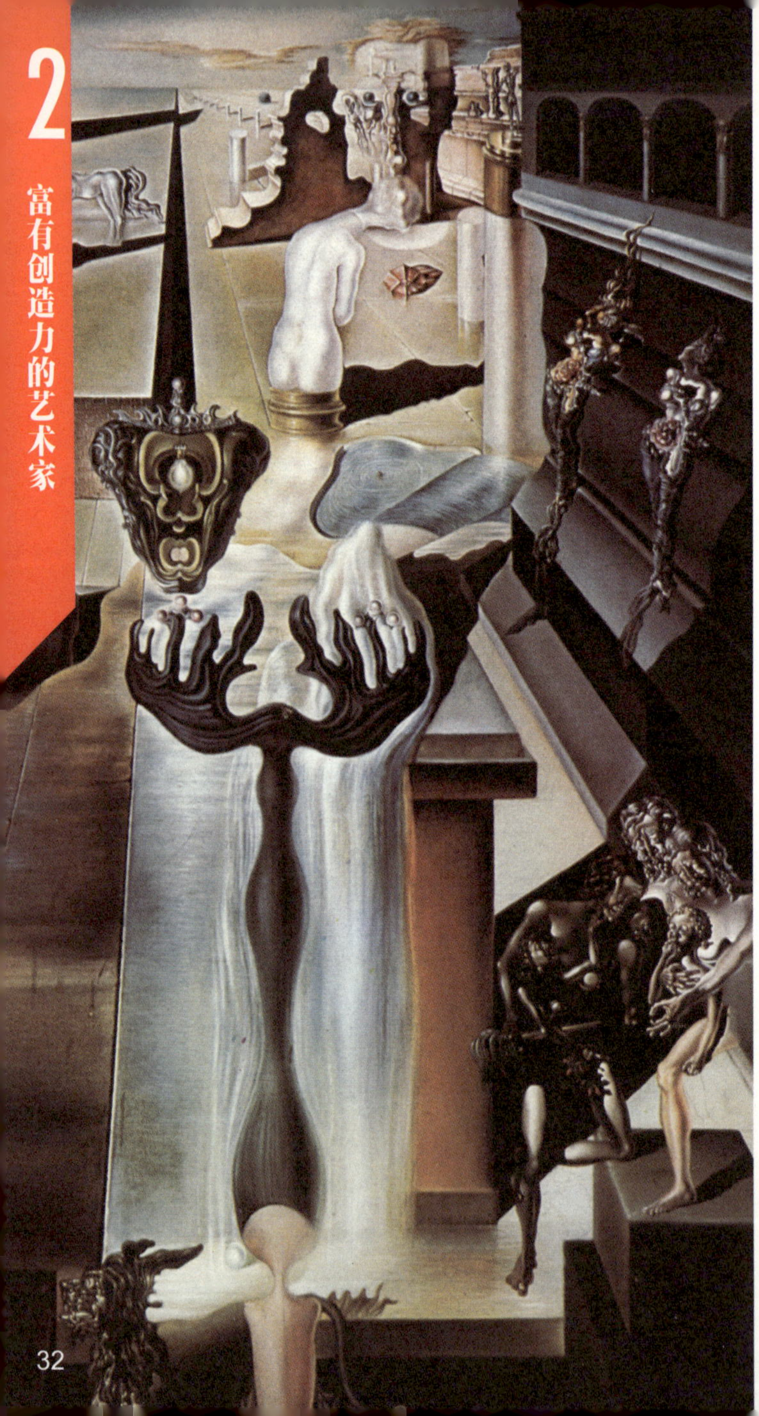

……可感知的图像的数目仅仅局限于观众脑海中已有的偏执狂的程度……

《无形的男人》，达利，1929–1933。

在镜子的后面

达利始终明白，一个善于撒谎与伪装的高手，不仅在于他所说的和所写的，还在于他所画的。尽管有他所有的画展，有各种各样针对他的艺术的关注与吹毛求疵的研究，但大师还是固执地说：“直到现在，对我的作品的表现力只发觉了极小的一部分。”

从二十世纪三十年代开始，达利就像他的前辈阿奇姆博多、德拉克洛瓦一样，致力于在画中表现双重的甚至是三重的形象。但是与他的前辈不同的是，他们只是偶尔运用这种手法作为一种风格的练习，而他发展了这种风格，并且及时地完善和丰富了它。

《奴隶市场与隐身的伏尔泰半身像》，1940。达利在这幅画中看到的是加拉的爱（在右边）消灭了怀疑论。

首先出现在《无形的男人》和《变形为马或狮的女人》中。在这些画中，大师力图在一个形象里表现两到三个形象。这种风格在精心制作的《幽灵》中就表现得更加复杂了。它是由面部和海滩上的水果盘组成的。还有寓意无穷的《谜》，在这幅画中，锐利的眼睛能分辨出五六个图像以及无数的暗示。在他的水彩画、素描和印刷品中，他经常将一个嘴唇、一只脚、一只手甚至是一个性器官掩饰在他的画中。他要么将它们变形，赋予它们全新的和难以捉摸的含义，要么将它们掩藏在面具下，希望那些隐藏的元素明明灭灭地在观众的脑海中神出鬼没。

这些诡计甚至能愚弄那些与他最亲近和对他的手段习以为常的人。在他的秘书结婚一年之后，达利请年轻的摩尔夫妇来到他在圣·里吉斯的房间。他挡住他们的视线，让他们坐下来，然后出示一幅画架上的华丽的水彩画，上面画着一个微微前倾的女人，这画是题献给他们的。这对夫妇欢天喜地，感谢他送了这个迟到的礼物。随后后退几步以便仔细观摩这幅画。但是大约走到三码外，画中年轻的妇人就蒸发成了佛朗哥将军的肖像。

……达利的众多特点之一，是他从未有过一个“固定”的艺术经纪人……

“我怎样绘画”……
达利有着用之不竭的创造力，他将之运用到他那最为丰富多彩的艺术形式中。

没有经纪人的艺术家

大多数的大画家在整个艺术生涯中，都有一个代理人或是画廊支持，以保护他们的利益。但达利的名字与任何人都没有关系。加拉—达利夫妇俩自己经销达利的作品，而且这么做一点也没什么不好。

不可否认，达利的情况十分特殊。他出道时非常年轻，1930年左右艺术就臻于成熟。当他仅仅二十六岁时，就同路易斯·布努埃合作编写了剧本《一条叫安达鲁的狗》，在巴塞罗纳举办过画展，同洛尔卡合作，并且认识了加拉。

加拉充当着达利艺术代理人的角色，并尽心照顾着他的利益。

他很快就被毕加索、米罗和超现实主义者们发现。这时他才华横溢，即使大部分公众还没有重视他的作品，但是名人、内行是不会搞错的。

他是一个孜孜不倦的画家，他的油画，书面作品，插图，舞台设计、电影脚本、著述、展品、拼贴艺术、演说、周游世界，以及与之相伴的各种合作，一个接着一个。他是一只真正充满创造活力的蜂箱。这也是他的作品数量事实上比他的同时代人的相对要少一些的原因。加上他经常会花大量的时间去画一件重头作品。

每一件作品，一旦完成，很快就找到了买主。首先是到了贵族或是收藏家朋友手中（德·诺阿耶，福西格尼–卢辛基，朱丽安·格林……），爱德华·詹姆斯爵士，一个英国赞助人，跟着而来的是一对美国夫妇——埃莉诺和雷诺兹·摩尔斯。随后是各家博物馆，艺术爱好者和世界各地的各种各样的交往。

达利夫妇从不考虑市场价值，他们只是日复一日地这么做，没有现金流动，也没有私藏作品。每当有一个重要的回顾展需要组织，或是后来菲格拉斯兴建达利博物馆时，画家工作室作品的匮乏居然成了一大难题。这时大师要做的一件咄咄怪事就是不得不把那些已卖出去的作品又要回来。

……大师的签名：也许不是鉴别他的作品最简易的方法……

达利在默尔瑞斯酒店的客厅签名。身边是皮埃尔·阿基利特（左）和摩尔船长（站立者）。镜中的映像是一只骆驼……

作品签名

每当完成一幅画，艺术家都会仔细地签名落款。这种个性化的标志，在众多特点中，具有确定作品真实性的功能。大凡每个签名都有某些特点：笔迹本身，它的运转、走向、大小和位置等等。但是，从最初的作品开始，达利的签名就与他的同时代人迥然不同，变化多端。

他早期作品上所签的相对准确的全名“萨尔瓦多·达利”，他只是偶尔一用。1929年，在遇见他的灵感与伴侣之后，用的是“加拉·萨尔瓦多·达利”。战后，他用的是 “DALI”的字母组合，两个清晰易辨的辅音字母和元音字母常常组合成奇妙而古怪的形式，这使得事情更加复杂化了。但是，大部分油画和素描都很著名并编好了目录，专家们毕竟还是能设法分出真假。

为了印刷出版，编辑会给达利带来一两百张校样让他签名。这是名副其实的形式，也是桩棘手的事。大师讨厌大量地签名，毋庸讳言，这个任务对他是一种苛求。明智的做法是连同校样一起多带几支铅笔，因为达利每隔两分钟就会折断一支。而且最好尽快将签好的书页火速移开，始终留神注意着他。

因为当达利先生签名时，他也会接见客人、大声唱歌、口授电报、电话谈话等等。彼时彼刻，签名就会受谈话的影响，并且随意地添加一些十字叉、雨伞甚或是蜗牛等等，到后来就会有些无所适从了。

具有讽刺意味的是，二十世纪70—80年代期间，当市场上充斥着大量的本世纪大师的赝品时，达利也包括其中。造假者有一件棘手的工作，那就是要藏匿在大量的签名后面。光是 “达利”二字千篇一律的签名，甚至就彻底断送了他们的伪作。以至于现在的专家据此都能断言：“一件达利赝品，签名是……”

达利签名，有时煞费苦心，有时不假思索。

……"在二十世纪，我忙于复活二十一世纪将要忘却的技术。预料到将来的全息摄影术，我正在采用立体摄影技术"……

1975年，达利在纽约圣·里吉斯酒店他的画室里，正在绘制《加拉观望地中海，20米外此图变成亚伯拉罕·林肯肖像》。

三维作品

对于一个摄影师来说，萨尔瓦多·达利是理想的对象，毫无疑问，在这方面，他也是二十世纪名人中最为不朽的一个。人们并不十分了解这样一个事实，即大师从一开始，就一直利用摄影作为作品的素材。这些富有创意的辅助物，甚至时常为他在这个领域赢得响亮的名声。

他的画室里总是零乱地堆满了照片与明信片。尽管他能凭记忆在一幅作于纽约的画上，完美地再现利加特港湾和克雷乌斯角的岩石，但是，若要将任何其他事物、人物或是地方艺术地安排到一幅作品中，却需要具体的视觉参考。

二十世纪四十年代，他在纽约遇到了摄影师菲利普·哈斯曼，多年以来，哈斯曼常常为达利摄制漂亮的肖像。他们的合作是互利的。当哈斯曼需要一个独创新颖的拍摄点子时，达利就会让他如愿以偿。同样，每当达利冒出一个想要表现的疯狂念头时，他知道哈斯曼总会有办法的。

从1970年开始，这位画圣就想在他的绘画中使用第三维。在运用这种手法作画之前，需要摄影师帮他试验双重或是三重图像的程序。许多人对此望而生畏，退避三舍，而马克·拉克鲁瓦，一个天才的法国摄影师，却愿意花时间考虑这个问题。他修好了一架旧的立体照相机，于1972年冬季开始了拍摄。

他为达利和加拉拍了数张肖像，造型有在画室里、寓所里的，也有在镜子旁或是画架边的。他以一流的光线处理，每一次都制造出完美的艺术效果。大师随后将这些照片忠实地改作到画布上，注重每一个能使画中形象产生立体效果的细微的间隙。他的几个三维作品就在这种合作中诞生了，当它们在巴黎蓬皮杜艺术中心达利艺术回顾展上展出时，观众大吃一惊。

达利在察看一件作品的幻灯片。

……达利没有固定的画廊。在一定程度上被文化机构所忽视。为了生存，他常常不得不求助于收藏家……

夫妇都是达利迷

有时，生活的偶然相遇真是非常的重要。1943年，在纽约圣·里吉斯旅馆酒吧，当达利与雷诺兹先生交谈时，他并不清楚这个人将成为他最忠实的收藏家……

埃丽诺和雷诺兹·摩尔斯，燕尔新婚，是来自俄亥俄州克利夫兰的非常富有的实业家，在当地从事塑料制品模具制造业。1943年，他们在纽约获得了第一张达利画作。夫妇俩对达利本人、他的作品以及他的世界都深深着迷。这种酷爱很快就证明是一种真正的使命。

埃丽诺和雷诺兹·摩尔斯，达利的朋友与忠实的收藏家。

每年，夫妇俩都要买几幅达利的油画或是素描，跟随画家去卡达盖斯，去巴黎，以及任何一个地方去看他的大展。他们学习西班牙语，学习有关他们偶像的一切事物，买他的手稿、绝版的目录，大约二十五年之后，他们发现自己竟然有了一百多幅油画、大量的书面作品以及重要的档案。

这时，他们面临一个怎样保存这样一批收藏品，将来怎样保护它的问题。于是，1971年，他们在克利夫兰的工厂与办公室所在的同一栋大楼里，开辟了第一个达利艺术博物馆。他们理所当然地认为自己是世界上达利珍品的收藏者，考虑到终究有一天要捐献这些藏品，他们联系了美国的几家大博物馆。但是，叫他们目瞪口呆的是，都不愿接受！只有少数几家机构兴趣含糊地同意至多保存四五幅油画，其余的作品只能出售。

经过几年的搜寻，饱尝了一连串的失望之后，美国海军陆战队同意在佛罗里达给夫妇俩一小块土地和几栋建筑。就这样，从1982年以来，画家最杰出的作品就在“萨尔瓦多·达利基金会” 向广大公众开放了，地点是美国佛罗里达州的圣·彼得斯堡，第三街1000号。

摩尔斯收藏的达利最著名的作品之一：《克里斯多弗·哥伦布发现美洲》（1958-1959）。这是达利所珍爱的神话与历史主题之一。

……**我**想让我的读者屏息以待地了解达利原子，如同我自己了解的一样多……

作家达利

达利一生出版的著作，其目录令人吃惊。令人感到奇怪的是，他究竟是怎样在绘画与社会生活之间挤出时间来写这么多作品的：日记、序言、剧本、诗歌、书札、演讲、短篇小说、讽刺诗文、专业著作，甚至还有一部小说。

他拥有广博的文学、科学与哲学知识，可见他是一个勤奋的读者。每当编辑交给达利一份文本，委托他为某部文学名著插图时，他总是这么回答："不需要，我完全了解这个作品和这个作家。"比如萨德、洛特雷阿蒙或是撒切尔·马索克，他还能背诵他们呢。

从十五岁开始，他就有写日记的习惯。2000年编辑出版了《一个少年天才的日记》。后来他与洛尔卡有着大量的通信，随后出版了《超现实主义服务于革命》、《非理性的征服》、《萨尔瓦多·达利的秘密生活》、《关于古老的现代艺术的课程》以及《一个天才的日记》等等，不胜枚举。

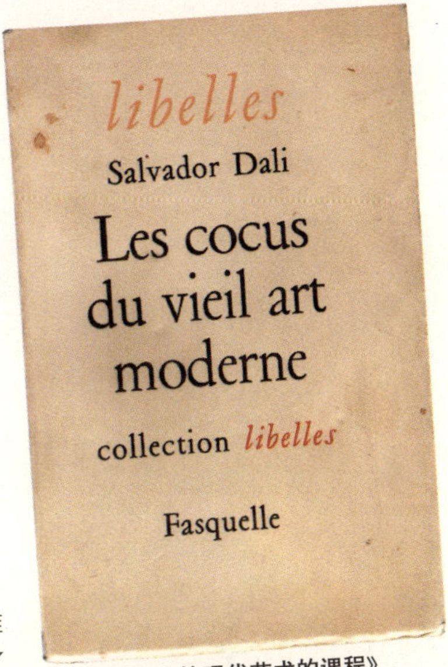

《关于古老的现代艺术的课程》。在这个具有怀旧的讽刺意味的书名下，达利——他的师傅是维美尔与委拉斯开兹——主要攻击的是抽象派画家。

很早开始，达利就习惯于将一些想法形诸文字，钢笔是画笔之外不可缺少的辅助工具。然而，对于这个谎言与恶作剧大王来说，比较难于确定的是，这些作品是充分解释了他对世界的想象、他的人格和他的作品，或只是部分地揭示了这种神秘？

大师的主要著作通常都由法国作家米舍尔·戴翁和路易斯·鲍韦尔斯校正和改编。但是有一次，安德烈·帕里瑙德在《怎样成为达利》一书中，在转录达利思想时擅自改动了几处，这时大师就有反应了，他要求任何由他自己说的话在书中都必须用粗体字标出。到时候读者至少能分辨出什么是出自达利之口，什么不是他说的。

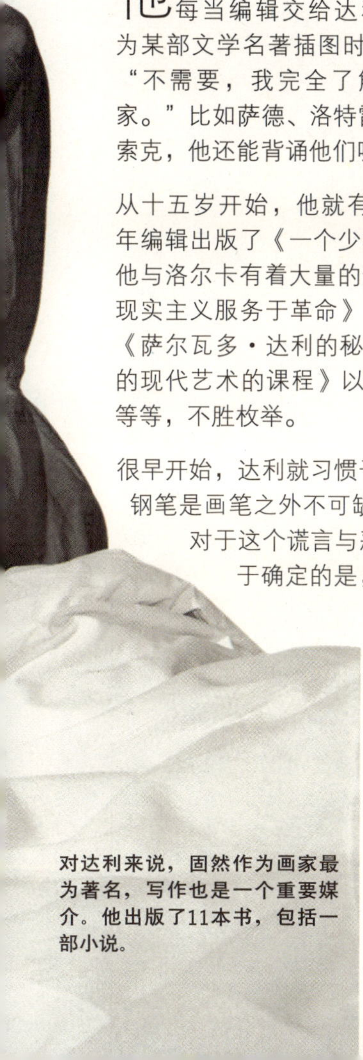

对达利来说，固然作为画家最为著名，写作也是一个重要媒介。他出版了11本书，包括一部小说。

……“法语中最愚蠢的一个成语是‘bête comme ses pieds’”（本意：蠢笨如脚。寓意：死脑筋，榆木疙瘩）……

莫尔瑞斯·贝雅执导的芭蕾舞《光》于2001年初演出。

敬告贝雅

1961年，莫尔瑞斯·贝雅正在为《加拉的芭蕾》编排舞蹈。此剧将要在威尼斯的凤凰剧院首演，随后在布鲁塞尔的莫内剧院和巴黎的爱丽舍宫剧院演出。剧情、布景以及服装都出自萨尔瓦多·达利。这并没有简化舞蹈设计者的工作……

那些主意——不出所料，是纯粹的“达利风格”——简直不适应舞台的局限。大师坚持的事情比如一道用哈雷·戴维森摩托车筑成的剧院的屏障，一只巨大松软的正常运转的钟，因为演员要倾听它的滴答声；一块真正的悬挂在舞台上的牛肉，以及几只巨大的踩着高跷的大象的模型.

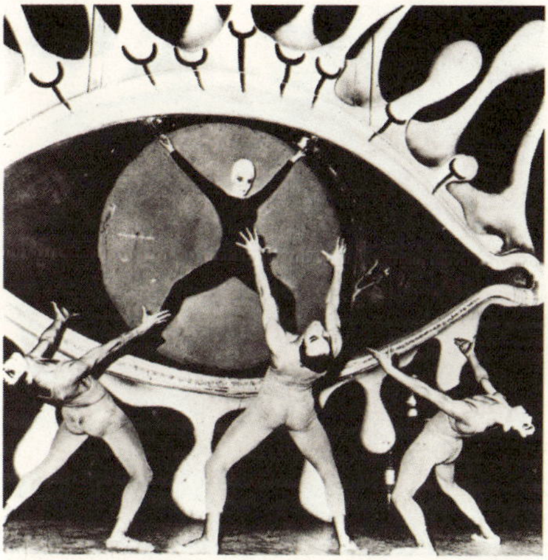

1961年，在威尼斯凤凰剧院，芭蕾舞明星鲁德米拉·切列娜正在表演《加拉的芭蕾》。

达利平时还好商量，但有关这个作品的事，他似乎难以通融，竟然威胁如果他的主意得不到严格的贯彻执行，他就要提起诉讼（后来他果真这么做了）。为了调和矛盾，贝雅简直不知怎么办才好。

因为定好了同达利商讨某些细节，舞蹈指导打电话道歉，他要延迟约会。“没问题，”大师回答，“明天晚上我还要接受巴塞罗纳电视台的采访呢，留意晚上九点的节目吧。”第二天在约定的时间里，达利告诉采访者，他没什么要向公众表白的，但有两件重要的事情要向莫尔瑞斯·贝雅说。

“亲爱的贝雅，好好看看这个吧，这是我打算搬上凤凰剧院舞台的一件物品的微型复制品。”这时一个盛着肥皂水的浴盆出现在屏幕上，他将几个小小的金属丝的立方体浸在浴盆里，让它们喷出“最初的立方体肥皂泡”，尽管达利为这个方案所作的怪诞的设计没有全面实行，但在表演过程中，立方体的肥皂泡真的还是从容器里喷了出来。

利用现场直播的电视节目来给他人捎话，不过是这出地道的超现实主义芭蕾舞剧的另一偏执因素。

……达利的天才在于既掌握了最为复杂的创造技术，同样也有能力化腐朽为神奇……

在利加特港达利的花园里，废品拼成的基督有六十英尺长，一只膝盖是一个旧的咖啡研磨机，另一只膝盖是一只便壶。

化腐朽为神奇

画家最富有天才的一面，在于他的创造能力，经过深思熟虑，他能将微不足道的琐事，集合与转换成完美一致的富有创新的艺术作品。

达利的创意层出不穷，像帽式拖鞋，帽式肉排，还有梅·韦斯特的唇形沙发。他创造了“ovociped”（一种卵形的未来派的运动方法），火绳枪平版画（一种用射子弹的方法在石版上雕刻的工艺）。在他的小画室里，为了用滑轮升降大幅的画面，他还在楼板上设计了一条矩形裂缝。

在五十年代中，当人们请他为阿卡普尔科（墨西哥南部港市）设计一个夜总会时，令人大吃一惊的是，他首先就给委托人一个空海胆壳。说，“这就是你的酒店。”随后，他出示一张图纸，一个模型，从中可看出他设计了一个巨大的棘刺竖立的海胆。夜总会的入口是一个通过管足的升降机。这完全是建筑学上的一种创新，并非难以实现，可因为成本的缘故只得放弃。

几年之后，一场大风暴将各种垃圾抛向了利加特港的海滩：瓦片、树枝、橡胶块、便壶、电器、小渔船的残骸等等。达利在窗前凝视着这一切，立即阻止市镇上的环卫工人，不让他们将所有垃圾运到本地的垃圾场，而是请他们统统运到他房子上方的橄榄树林里。

工人们如实照他说的去做，任何应付大师的事都不再让他们感到大惊小怪了。于是将所有垃圾堆在他的花园里。就像一名炼金术士，达利神不知鬼不觉地，将全部破烂翻了个遍，随后将这些鸡零狗碎的东西拼装起来，制成了一个基督的造型，躺在地上有六十英尺长。他对自己的发现无比得意，许多年里，他都会带领参观者去看他用废品拼装的基督。无数摄影师为他留下了不朽的纪念。

1959年，达利表演他的“ovociped”，一个自我设计的创新的运输方法，最初由达利来做的试验非常艰苦，图中他夹在座仓里。

……我的一切都是戏剧性的，我不可能选择一个更好的地方……

菲格拉斯博物馆的内部装饰就是达利本人的投影，风格离奇而又夸张。

剧院，博物馆和坟墓

二十世纪七十年代初，达利最忠实的收藏家埃莉诺与雷诺兹·摩尔斯创立的达利博物馆在俄亥俄州克利夫兰市开幕。多半是受此影响，达利从此开始考虑要在西班牙建立一个博物馆。

经过多次商讨之后，他的家乡菲格拉斯市给他提供了一栋旧的公共剧院，剧院在西班牙内战时期毁于炮火，且被摩洛哥游民将扶手椅当做柴火烧了个精光，所以是一片名副其实的废墟。尽管开局不利，但达利的创造力关注的是其他。

每个人都被请来帮忙。首先请来的是天才的设计师皮尼罗，他创造了著名的网格球顶，随后是收藏家、朋友和艺术家，像福斯和皮索特，达利请他们想方设法解决缺乏大作品的问题。大师自己则忙于创作壁画和设计剧院的舞台装饰。

1974年，随着达利剧院博物馆的开幕，这一切努力全都获得了回报。里面全是按照达利的意图重新设计的，就连发明家马克沁制造的小便器也特意为此重新装饰一新。整个建筑，如愿以偿，一派令人难忘、令人吃惊的达利风格。在最初的几年里，内容还是相对贫乏，以戏剧表演为主。以后就日渐丰富了，因为系统地购回了一些大作品。现在，该博物馆甚至堪称全西班牙参观人数最多的博物馆之一，仅次于普拉多博物馆。

当千百万观众凝望着大堂的网格球顶时，多数人都没有想到，他们正走在总设计师自己的坟墓上。艺术大师萨尔瓦多·达利，在作古之前依然行为古怪。他也是世界上绝无仅有的一位葬在自己博物馆的艺术家。

菲格拉斯博物馆的正面，令人联想到利加特港，屋顶的蛋依然还在那里。

……出于一种受虐的，倾向神秘主义的天性，达利喜欢作乐胜过一切。他的恶作剧或多或少有些天真，且被视为一种艺术，在其独创性方面可能是非常大胆的。甚至连牺牲品也要求更多……

3 搞笑的表演者

……从《制带人》到向日葵，从向日葵到犀牛，从犀牛到花椰菜，要完成这类转变，你确实要将某些事物置于最上层。……

达利在温森斯动物园画犀牛。

无稽之谈

五十年代中期，达利在放逐美国相当长一段时间后，用一种奇妙的偏执狂批判实证法，从维美尔的油画、海胆、宇宙的鸡皮疙瘩以及犀牛等貌似不相干的事物中，选择连贯合并的元素，借此再次征服巴黎……

孩提时，挂在家里的一幅维美尔的《制带人》就强烈地吸引了他。大师后来在卢浮宫复制了这幅名作。但是，在临摹中，他竟然看见了犀牛角。于是他去温森斯动物园作犀牛写生。

《制带人》，代夫特的维美尔（1632-1675）作。达利对这位艺术家钦佩有加。

随后，他发现某种对数曲线出现在他所描绘的犀牛、放大后的复制品《制带人》中，同样也出现在向日葵……以及花椰菜中。所以，在逻辑上，将维美尔的油画放大来看，我们应当也能看到花椰菜，向日葵和犀牛！

1955年，在索邦神学院所作的受到高度称赞的示范演讲中，花椰菜成了一件实物，其潜在的意义人人都不会忘记。达利当时乘着一辆白色的劳斯莱斯在学院里进进出出。承蒙他的朋友乔治·马蒂厄关照，车上竟然满载着百来朵……花椰菜！

同一时期的作品还有影片《制带人与犀牛的奇妙故事》，在影片中他证明："宇宙的碎片"存在于一滴水中。在坠落时，它失去了形式的纯洁，开始长满了鸡皮疙瘩……事实上，它正在变成一颗海胆！接着他指出海胆的粒状构造与犀牛皮是如何的相同……在一个奇妙的结尾中，话题当然又回到了《制带人》。哇！

……“要超越世界最美的绘画就加多一点迄今为止不为人知的细微的色差！”……

蒙古风景

大师总是与科学的进步保持一致。他经常与一流的科学家交换意见充分证明了这一点。他往往能从常人看来纯粹只是“达利式”的现象中发现逻辑性。但是等到他自己宣布那些革命性的发现时，那就要注意了。

1970年代早期的一天，在纽约，达利快步冲进他朋友罗伯特·迪斯查内斯的房间，兴奋地伸出一支笔，就是在圣·里吉斯旅馆所有的房间里都找得到的那种，一支普通的带一小圈金环的白色圆珠笔。

大师断言，当你从某个角度握住这支笔时，就能看到温泉关战役场面，因为那道金环上，有几点他的手指留下的尿素的痕迹。他固执己见，向一位德国的科技影片制作者解释这一现象。此人立即上钩，建议用显微照相机进行全息拍摄。

1975年1月，影片《外蒙古之旅》问世，它完全是根据对这支著名圆珠笔的显微分析制作的，达利高兴地为那些影像作了写说词。

只是如今那道金圈已面目全非，不仅因为脏手指，也因为故意涂上去的尿液的玷污。所以能看到的就不仅仅是温泉关之战了。那图像还会显示什么呢，说不定人们会告诉我们：那是“一幅外蒙古的航拍景色，遍地都是引起幻觉的蘑菇”。

关于这部长达一小时的影片的显微图像，其最不可思议的事情是：人们总是相信当时的解说，也总是看到了期待他们看见的东西。这种精神错乱与神秘化达到了天才的水准，妙哉达利先生！

圣·里吉斯旅馆的金饰笔。仔细看吧，温泉关之战会显现出来的。[1]

1 温泉关，希腊地名。公元前480年，300名斯巴达人在国王莱翁尼达斯率领下，在此奋战波斯大军，全部阵亡。——译注

……在他的这场面对世界的永久表演中，达利并不是唯一的组织者。他的身边总是簇拥着一些奇人……

皮埃尔·阿基勒特（左）和摩尔上尉在达利身边，摄于二十世纪七十年代。

上尉做秘书

一个艺术家的生活，既不安定，也放纵不羁。常常会有一些必不可少的环球旅行与社交活动，决不可能用惯常的方式来组织。而且达利和加拉是个性很强的人，要和他们作长期而有效的合作，谈何容易。

很长一段时间里，达利的秘书工作由几个知心好友掌管，要不就是交给他们夫妇俩所居住的那些豪华酒店的接待处。但是他们总是丢三落四，贻误信息。事实上，他们完全是无章可循的。

约翰·彼得·摩尔，先前曾是英国联邦经济情报局的上尉，一位温文尔雅的爱尔兰人，长得酷似大卫·尼温，1964年，他成了“神圣达利”的非正式的秘书，于是，很快，人们都叫他“上尉”。

“非正式”的意思，是指他没有一间办公室，尽管他在同一间旅馆里通常有一间房。谈生意用的是一种毫不慎重的方式，在门厅、走廊，在酒吧、休息室，要不就是在大师房间里的喧哗声中。

摩尔绝顶聪明，老于世故，且人缘好，幽默诙谐。还会说好几种语言。他将达利夫妇的私人生活与生意打理得井井有条。与通常的惯例相反，也不论涉及的金额总数是多少，他不拿固定工资，若是他经手将画卖了，签订了合同，就能或多或少地得到一笔数量不等的佣金。

1974年，他受到排斥，事情突如其来，令他深感意外。他开始在心里升华这个偶像。尽管他不再与达利联系，但仍然对他怀着深深的敬慕与诚挚的眷恋。多年来，他所收集的艺术家的作品，珍藏在凯达克斯的一个、然后两个、最后是三个博物馆里。这些藏品成了一座真正的金矿。

一个恶作剧大王，一个达利称雄的王国，在这里，上尉的眼睛将永远盯着达利的房产，它就在对面的利加特港，比他的房子稍低一点。就在画圣房子的上方，上尉早早地建好了自己的墓碑，借此，他最终是想显露他在地理位置上是千秋万代至高无上的。

摩尔未来的坟墓位于利加特港墓地，正好建筑在达利房子后面。

……达利，酷爱艺术和文学。包括各种各样的文学……

搬迁前的黎塞留路的法国国家图书馆。

下地狱

多年来，黎塞留路的法国国家图书馆就一直在筹划着请达利来做正式访问。1964年，日子终于定下来了。但是那天早晨，画家感到有点紧张和若有所思。

大师刚好在前天晚上同新闻界有过激烈的争吵，当时因不满事情的运作方式，他过早地离开了一场临时演出。这一天的早报连篇累牍地报导了他的反复无常以及这个活动的失败，所以，他没什么好心绪来做这次访问。

国家图书馆的两位主管以应有的礼节欢迎他的到来，毕恭毕敬地向他展示图书馆员们出版的各种著作，随后请他在一份菜单上签名。那是三十年前他为“萨德[1]联谊会”的一场宴会设计的。达利很有礼貌地从命了。

突然，他觉得这场访问有点过于正经八百、紧张拘谨了。他要求带他去“地狱”。他想想看看那个收藏所有色情书的地方。他的淘气劲一上来，一本正经的气氛立刻烟消云散。

没奈何他们不情愿地打开了这一隐秘角落。达利乐陶陶地评论着这些淫秽书籍的诸多细节，弄得主人好不尴尬。

离开时，重新注入了活力的达利得意地笑着叫喊道：“活该让他们哭丧着脸，谁叫他们的书不好看呢。我带他们下地狱啦！”

1 萨德（1740–1814），法国作家，其著作多描写性变态。

达利和图书馆员们在观看名著……

“……对任何聚会来说，提前计划并组织各色人等是有益处的……”

1967年，萨尔瓦多·达利在默尔瑞斯旅馆与艺人约翰尼·哈雷蒂交谈。

默尔瑞斯的上午

默尔瑞斯旅馆的门房总是带领来访者去一楼的第108号套房，在另一位贵客住过之后，它也被叫做“阿方索十三世套房”。接待员频频将电话转接到同一个房间。时间是上午11点，按照常规，大师达利正在接待他的仰慕者。

因为事实上根本没什么审查，你经常会看见一个刚从加德满都回来的油头滑脑的嬉皮士和一个身着三件套的部长，一起从电梯里出来，然后朝同一个门走过去。在那里，他们加入到一个约三十来人的五光十色的群体。

巴黎默尔瑞斯旅馆华丽的餐厅

客人们带着他们要展示的东西来了，带来了他们的幻想和至理名言。“越混乱，越好……”他们的主人喜欢反复这么说。那边，一个西班牙修女正同一个妓女和两个无政府主义者聊天；这边，一个讨厌的肥佬正在向一个漂亮女孩献殷勤。大师的周围，环绕着一些行为古怪的人、包打听的记者、一心想签合同的编辑，还有随从、裁缝、电话……

会话用不同的语言，召唤着美元、日圆、西班牙比塞塔；探讨着最新图书的发行、近来的各种展览、毛皮时装秀；谈论着利多[1]、疯马[2]以及崭露头角的西班牙画家……帕高[3]、高迪[4]、庞加莱[5]和约翰·列侬[6]的话题也同时展开。

餐后的甜点则会来点委拉斯开兹[7]、安格尔[8]、帕拉切尔苏斯[9]、弗洛伊德和阿维拉的圣特雷萨[10]。有些客人难以跟上这种高谈阔论，但是那些真正用心倾听的人通常能心领神会。而另外一些人一副云里雾里、目醉神迷的样子，但他们压根儿就没听懂什么。

当加拉下午一点半左右露面时，沙龙直到次日上午之前都是空荡荡的。这时，达利喝杯水提提神，对他的妻子说：“今天我过得很愉快呢！”或者是：“今天吗，来的尽是些白痴！”

---

1 利多：意大利威尼斯附近一个小岛，为著名的游乐地。

2 疯马（CRAZY HORSE），位于巴黎中心金三角地区的疯马夜总会，由阿兰·贝纳丹创立于1951年。该夜总会的演出，细腻地表达了情色之美，给人们留下具有创造性、艺术性与神秘夜巴黎的印象。

3 帕高（Paco Rabanne），一个20世纪60年代创建于巴黎的高级时装品牌。创始人Paco Rabanne 1934年出生于西班牙。今天，Paco Rabanne产品包括高级成衣，香水和所有时尚配饰。其产品在世界各大高级奢侈品店有售。

4 高迪（Antonio Gaudi, 1852–1926），在当时被誉为世界级的建筑家。他于1904年至1906年之间把巴特娄宫放进巴塞罗那。从过去到现在，巴特娄宫被誉为高迪设计中最欣悦与最诗意的建筑。为西班牙在世界现代艺术中赢得一席之地。

5 庞加莱：法国数学家，1854年4月29日生于南锡，1912年7月17日卒于巴黎。庞加莱对现代数学最重要的影响是创立组合拓扑学。

6 约翰·列侬：吉他手、歌手，披头士成员之一。1940 年 10 月 9 日生于英国利物浦， 1980 年 12 月 8 日死于美国纽约。

7 委拉斯开兹（Velasquez，1599–1660），西班牙著名画家，以宫廷人物肖像画著称。

8 安格尔 （Ingres，1780–1867），法国古典主义画派最后的代表。

9 帕拉切尔苏斯（ Paracelsus，1493–1541），瑞士医师，炼金家。发现并使用多种化学新药，促进了现代药物化学的发展。

10 阿维拉的圣特雷萨（Saint Theresa of Avila， 1515–1582），西班牙天主教修女，神秘主义者，倡导加尔默罗会改革运动，在阿维拉建立圣约瑟女隐修院。著有《到达完美之路》，灵修自传《生活》等.

……“我的爱穿越我的灵魂，我的性欲通过我的眼睛”……

达利在默尔瑞斯旅馆指挥迷人的模特。

大师达利是一个智者。尽管人们经常看见他被一些靓女俊男陪伴着，但他从不碰他们。他一口咬定这一点，并且的确只经历过唯一的一位女人：加拉。话说回来，他这位心爱的女士给了他完全的行动自由，任他去组织一种相当怪僻的集会，而她从不参加。

达利居然有一位“性干事”，这是个法国人，在巴塞罗纳有一个模特中介机构。他给达利提供“成车的姑娘”。达利特别喜欢那些容颜姣好、举止天真的年轻女孩和有着纯粹审美特征的男孩子。

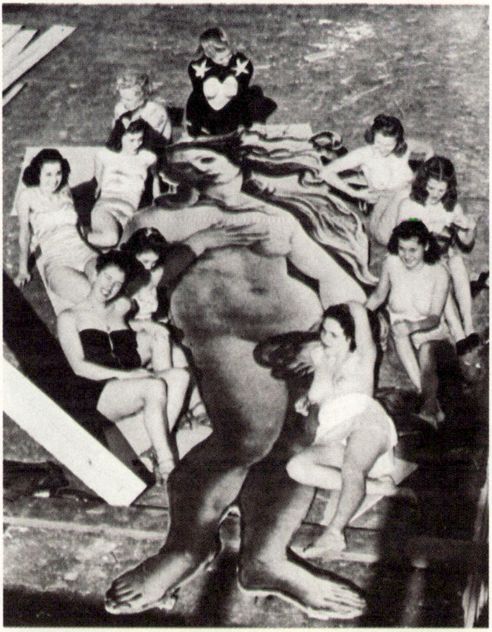

《维纳斯之梦》，一幅超现实主义的画像，据达利称表现的是无意识世界。

达利事先精心设计特定的情节，由不同的演员按照非常精确的、完全超现实主义的指示表演出来。这种性兴奋的优雅表演，它的目的是要在到目前为止依然互不认识的表演者身上唤起不可遏止的持续渴望。而经常令参与者烦恼不已的是，每每那种时刻，这位超级智者的最终快乐是要让这种渴望还原，让这种激情颓然而止。

但是即使是准备得最充分的场面，也可能会失败。一天，他临时指派秘书摩尔上尉充当“性干事”，要摩尔那天晚上带五个新近认识的吉普赛音乐家去巴黎妓院，给他们提供五个姑娘。

一切都按照计划进行，只可惜达利到得太晚。那几个吉普赛人一阵欲火燃烧后，已云收雨散。大师此刻勃然大怒，一气之下钱也不付就走了。这事次日上午在默尔瑞斯旅馆接待处引起了一点小小的丑闻，当时一位盛气凌人而又快言快语的“小姐”前来领取她应得的工钱。

……“为了达利，你必须懂得怎样忍受”……

在达利的请求下，他的一位朋友将一辆哈雷·戴维森摩托带到了默尔瑞斯旅馆。达利的要求总是稀奇古怪的，有时难以满足。

“达利要我去……”

只要是在他的所有聚会与接待场合，达利想要靠近他所喜欢的人，他马上就会委派这人一个任务，让他有所寻求。这个人，满心欢喜大师从众人中选中了自己，也就尽最大的努力去满足这位超人的各种需要与怪想。

虽然事情的理由与极端重要性总是向这个心甘情愿的候选人讲得清清楚楚，但这些事通常是些稀奇古怪的任务，有时可能很棘手，尽管并非不可能，既费钱同时也极为费时间。

如此一番授受，接到任务的人乐滋滋的，开始埋头工作。他会向他的朋友和熟人透露："达利要我帮他找一个……”有时委派的工作也轻而易举，但更多的时候，非常过分。白色的小丑服，威廉二世的尖顶头盔，变魔术的扑克，古怪的浴盆，从真正的妓院找来的坐浴盆等等。所有这一切，都需要用心去做，有时需要打起十二分精神，特别是当这项差事几近不可能时。

不得不访问各种机构时，达利用这种明智的办法往往能避免浪费时间。这也使他能够准备一些表演场面而不用花一分钱，同时又能保持一种低调的形象。任何问题，任何无条件的拒绝，中间人都要面对，而达利的想法却丝毫不会受损害。

达利喜欢与众不同的帽子，1961年在巴黎理工大学演讲时戴的是普鲁士人的头盔。

1967年，为了颂扬龙沙和卡桑德拉[1]这一对爱人，达利委托一个编辑做了一个纪念碑，以象征这对爱侣，然后这个碑必须安放在一个巴黎人的游泳池的底部，池内装满稻草而不是水。就在那天，当着一大群狗仔队的摄影师，达利到达来点燃游泳池。“稻草不够，我走了！”他叫喊着，丢下一群不知所措的观众。那些人随即扑向那些快餐，很快兴高采烈起来。

1 皮埃尔·德·龙沙（Pierre de Ronsard，1524–1585），法国诗人，九岁时成为神职人员。情窦初开时，出于对美丽的卡桑德拉（Cassandre）的爱慕，龙沙开始了爱情诗的创作。他在1552年为自己的女神写下了著名的十四行诗《爱情》。

……“哎哟，我感到了礼物的威胁”（达利常常如是说）……

达利在加达克斯与豹猫一块儿玩耍。

礼尚往来

获准进入达利的核心圈子，意味着认可必要时赠给大师一些他愿意接受的“暗示的礼物”。这些总是雅然相奉的礼物，是建立一种长期关系的前奏……

他可能会挑选一件物品，一个奇异古怪的玩意儿，一本书，或者是他与加拉在巴黎或纽约的某个街区漫游时，新发现的一件家具。也可能是古董店里一幅完全被人忽略的画，或是为加拉在普波尔的宅邸挑一对石狮子。

这种礼节在他也是一样。因为大师尽管从来都是囊无一钱守，但他决不小气，每当好友有喜庆，周年庆典或是婚嫁生育之类的美事，他都会别出心裁地奉上一件作品或是一幅漂亮的特意为之创作的画。

摩尔和他的妻子在可爱的“礼物”陪伴下。

不过达利爱开玩笑的性格，也可能会弄出一些恼人的礼物来。一次在纽约，当他与加拉在一家电影院排队等待时，他看见一个古怪的人在遛豹猫，这是一种南美猫科动物，介乎猫与虎之间。他买下了它，随后将它带到了圣·里吉斯旅馆，在那里，他要门房将豹猫放在他的秘书——摩尔上尉的床上。

当天晚上，当上尉发现这只可爱的四脚动物时，他明白画家试图检验他的反应。于是，第二天，他也就不置一词。直到后来，达利再也忍受不了这种悬念了，终于开口问道：“你觉得那只猫咪怎么样？”

出乎意料的是，摩尔上尉收养了这只“猫咪”，甚至给它戴上了一条钻石项链。猫咪巴布更成了达利身边的另一种吸引力。最后，也成了摩尔夫妇忠实而驯服的伙伴。

……那种怪人最好是把他挂在壁上，而不是请他上桌……

达利在罗马，手拄那根有名的玻璃拐杖，站在桌上。他打算在意大利给但丁的《神曲》插图。

画圣的膳食

每年到巴黎或是纽约，达利夫妇总喜欢呆在同样的豪华酒店，他们也经常光顾几家著名的餐馆，要么是请客，要么只是安安静静地共进午餐或晚餐……

当他们在加泰罗尼亚时，夫妇俩很少客人，也很少客套，采取的是利加特港的简单烹饪法。他们吃便餐，主要是鱼和海胆，不是在船上就是在岩石上。

但是在去巴黎的路上，他们总是在索留或瓦朗斯中途停下来，以便尽情享受当地大厨的杰作。通常会定制一份秧鸡（一道禽类佳肴），这是他们最爱的菜式之一，吃的时候很有讲究，用一条毛巾盖在头上，来保持味道。

在默尔瑞斯旅馆，上午的马拉松式的接待结束后，夫妇俩总会在下午两点左右外出，去吃一顿晚中餐以恢复精力。在工作日期间，他们就在劳伦特、劳舍尔、丽多茵、卢卡斯·卡尔通这类餐馆吃。但是在星期日，他们总是去银塔，这是巴黎少有的几家周日营业的餐馆之一。

周日应邀出席一个朋友的午餐，朋友特别为他准备了瑞典式自助餐，而达利似乎更被一只装满异国风味水果的大果篮所吸引，这在当时确实是很难得的东西。他请求主人从每个品种里各挑一只果子放进一个袋子里，同时在每只水果上都贴上一个小标签，写上精确的名字。

他径奔朋友克鲁特·德夏尔的银塔餐厅，当菜单呈上来时，他点了一种特别的外国水果，显然，餐馆的人只得抱歉说没有。于是，他立即从桌子底下拿出一只来，当着一脸惊讶的服务生和其他客人的面吃起来。

这么做了五六次，达利最终站起身来，拿着他的手杖，粗声暴气地对着目瞪口呆的克鲁特·德夏尔抱怨道，他的餐馆真的是在走下坡路了。即便是在餐桌边，达利也喜欢搞笑。

达利在巴黎银塔饭店的入口处。他是那里的常客，但也是令人惊惶失措的客人。

……“兴奋剂不合适我，它们制造一种暧昧的、不真实的主观状态”……

《苏醒前的一瞬，由一只蜜蜂飞绕石榴而引起的梦》，1944。一个并非药物作用下的致幻印象。

人造乐园

“我与疯子的唯一区别就是：我没有疯。”神圣达利不停地重复这句话。也许事实就是如此。但你怎样解释这个公众形象的疯狂、怪诞、刺激和如此不可预测的性格呢？最貌似合理的解释是：酒精、烟草或别的药物……

“决不！”当被问及这个敏感的问题时，这个最初的嫌疑犯答道，“有段时间我的确曾抽烟、酗酒，但这对我的艺术无疑是个损害，当我面临两种选择时，我选择了艺术。”这一点也被他的亲密朋友所普遍证实：大师不需要更多的刺激来如此轻率地忽视疯狂与天才。

至于药物，他的态度恰恰是非常坚决的，尽管不同于对待酒精和烟草。他从未染指过毒品。受六十年代后期的“权力归花儿”[1]运动的蛊惑，经常见有嬉皮士陪伴左右，尽管他有时公然吹嘘致幻药LSD作为一种增加创造力的刺激物所具有的价值，但说是一回事，而真正服用又是另一回事。一俟他真正地去尝试，他就有了一次相当不成功的冒险。

1967年11月的某个夜晚，达利必须去圣日耳曼药店出席开业典礼，要去拉塞尔饭店出席费加洛皮草秀的晚宴，同时还接到了《圆桌》的邀请，须在胜利广场的电视摄影机前现场表演铜雕版画。面对这样一张看似不可能的时间表，谁也不真正指望他会出席最后一场活动。但出乎所有人的意料，尽管稍晚了些，达利还是乘着豪华轿车，在摩托的护卫下出现了。

像是一阵旋风，他举杖行礼，双眼迷离——后来证实是LSD致幻药所致，他径直朝铜雕版走去，草草刻了几笔就宣告完事大吉，来如闪电去如风，既让摄影机来不及上胶卷，别人也无从得知到底发生了什么。

翌日上午，达利清醒过来便略有不安，他打电话给活动的组织者，问那些雕版怎么样。他们十分严肃地回答，铜版画完全是他所讨厌的两位抽象画家的风格。听到这话时，他将此视做一个警告，再也没有重蹈覆辙。

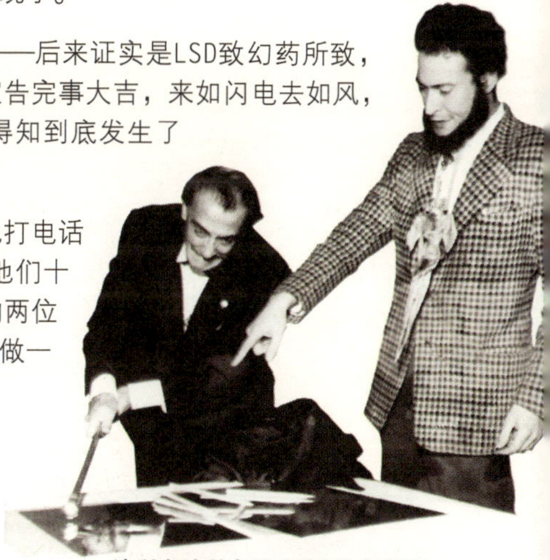

达利在胜利广场“雕刻”铜版画。

1　权力归花儿：系二十世纪六十年代美国嬉皮士使用的口号，主张通过爱情和非暴力实现社会改革。——译注

达利的生活也像他的作品一样富有争议性，他因此成为非同凡响的新闻素材。新闻记者们热衷于报道他的丑闻与意外事件，达利的天才也丰满了他自己的形象

4 煽动性与名望

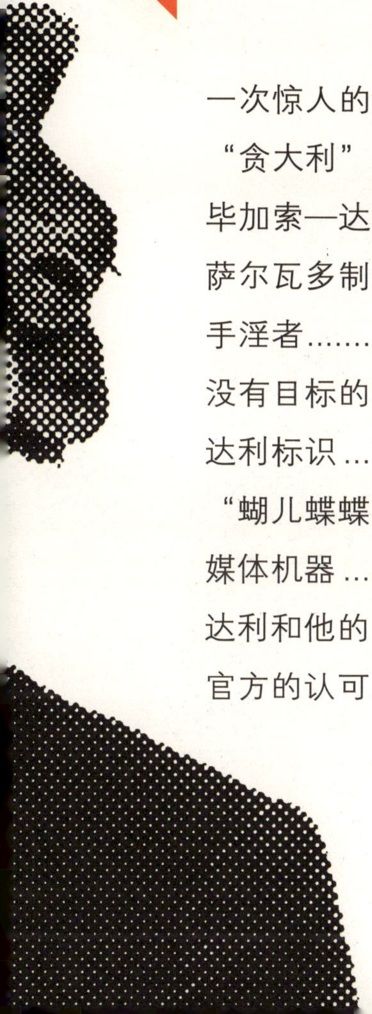

……“从愤怒的溶洞里逃离出来，看来才是明智之举”……

1939年3月17日，达利顶着“妨害治安罪”的罪名离开警察局。

一次惊人的炒作壮举

1939年2月，达利去纽约参加在朱利恩·利维画廊举办的一个作品展览会，展览会预定在3月21日开幕。他一到达，邦维特·特勒百货店就委托他为他们的春季商品装饰两个橱窗。他立即认真地静下心来开始工作……

他决定围绕“日与夜”的主题来设计，商店打烊后，他就在夜色里安装他的作品。“日”由一个蜡制的女人来象征，她身着绿色夜礼服，凝视着一只装满皮毛的浴缸。而“夜”呢，则由一个塑像躺在蒙着黑床单的床上来表现，床底下则可见仿真炉渣在发光。

纽约第五大道，达利跌落之后的邦维特·特勒百货店的橱窗。

3月16日早上，百货店老板悄悄派了几个“探子”混在来去匆匆的顾客中间，以检验一下他们对这些作品的反应。随后，他决定将“日”橱窗里那个有点褪色的模特儿换成一个崭新的。就在那天下午，达利正好从橱窗前经过。看见这个替代物不由得怒气冲冲。

他破口大骂经理，苛求他立刻换回来，经理不睬他的意见，他就像一头狂怒的公牛一样一头冲进那个争论中的橱窗，试图移动那只澡盆。结果一个趔趄，浴盆没移动，达利自己从橱窗里跌撞了出来，不无狼狈地发现自己站在第五大道上，周围是一堆碎玻璃！

还没从惊骇中醒过神来，达利就被两名恰好目击了整个事情经过的警官逮捕，并被关进了监狱。商家指控他“怀有伤害目的故意损害他人财产”。但是法庭只支持“妨害治安”的指控，几个小时后，他被释放了。

那天晚上发生的被拘留的麻烦很快就被忘记了。与此同时，次日早间新闻的焦点更多地集中在事件本身，在这个“相当古怪的年轻艺术家”身上。炒作——再过四天画展就要开幕——来得正是时候。

……“你将像一只一贫如洗的虱子一样了此一生。”（达利父亲于1929年拒绝接受儿子与加拉的关系时所说的名言）……

“贪大利”

安德烈·布勒东对达利仍然记恨在心，当达利夫妇于1940年离开欧洲去美国时，他把达利的名字字母重新组合杜撰了这个绝妙的诨号[1]。虽然对金钱的爱慕，使得达利夫妇迟迟未归（一如那位超现实主义大师所努力暗示的那样），但也因为加拉是犹太人，而且超现实主义者在西班牙是不受欢迎的人……

达利非但对布勒东不生气，也不回击，而且他还决定采用“贪大利”这一诨号，并开发它（他这么认为）以自肥，甚至允许自己就这一主题成为引起争议的对象。由此产生了唯利是图的达利的特征，它为三十年的闲话栏目提供了无尽的话题：“金子的魅力，成沓的美元，蜂拥而至的支票，等等……”

那些接近他的人根本无法想象这样一个名人。在加达克斯，达利每天都是一条短裤和一件宽松衫，有时修了脸，有时则没修。脚上穿着在乡下花几个比塞塔（西班牙基本货币单位）买来的帆布便鞋。与他在巴黎或是纽约所喜欢炫耀的花边衬衫、天鹅绒和貂皮衣大异其趣。即使在这两个城市，他也从不知道钱的价值，经常惊讶于出租车司机的惊喜表情，因为达利刚给了他一百美元小费。

加拉掌握着生意上的事，负责他所有合同的谈判。她用铁腕控制着他的钱包，以至于有人说“贪大利”的诨号对她比对达利更合适。他通常十分慷慨地分发他的亲笔签名，并对他的银行家们说，给他妻子的付款委托书将是他们从他手上得到的唯一的另一种签名。钱，事实上引不起他的兴趣，并且有时他私下里也承认，他“需要替加拉挣足够的钱来付账单”。

一张一美元的钞票。左边：达利装扮成一美元。

1966年安德烈·布勒东去世的那天，当达利读到诗人的讣告上赫然写着“我寻找时间之金”时，觉得很有趣。“奇怪，”他说，“竟然出自一个指控我贪欲膨胀，并用那个著名的诨号连累我的人之口。也许他确曾寻找时间之金，但是我，我找到了它！”

1 萨尔瓦多·达利（Salvador Dali）一经拆合，便成了Avida Dollar，意即渴望美元。

……“毕加索是西班牙人，我也是；毕加索是一个天才，我也是；毕加索是一个共产主义者，我决不是！”……

《燃烧的长颈鹿》，达利的版画，源自《斗牛士》系列。1966年。

巴勃罗·毕加索(1881–1973)

毕加索—达利

在任何场合，达利都会对这个比他年长的同仁表示最由衷的赞赏，但是因为一个可笑的误会和政治观点的分歧，使得他们分离了好长时间。1965年，达利怀着如此诚挚的敬意与强烈的和解的心愿，决定拍摄毕加索著名的斗牛士组画，再用铜版画改编，使之具有“达利风”……

他对自己的超现实主义的改编十分满意，如此一番再创作，以致要稍等片刻才能发觉这是根据毕加索的画改绘的。达利想把这事告诉默甘的大师，同时希望和他重修旧好。但事情好像有点问题，他的电报不见回音。他设法获得了毕加索的电话号码，于是不屈不挠地拨过去，但是对方礼貌的秘书不厌其烦地重复答道：他不在家。

RD RICHELIEU 38 81
N° D'APPEL : ARGILLET 2 RUE
Nom de l'ABONNÉ : DU 4 SEPTEMBRE PARIS
DESTINATAIRE PICASSO
DESTINATION MOUGINS
524357
35 DATE 5/11 HEURE 1155
TÉLÉGRAMME TÉLÉPHONÉ
INDICATIONS

PICASSO MAS DE LA CROIX DE VIE MOUGINS ALPES MAR
PEL JULIOL NI DONA NI CARGOL STOP VOUS EMBRASSE GRAIN
BEAUTE OREILLE GAUCHE STOP PRONONCE DISCOURS LE 9 A
POLYTECHNIQUE EN VOTRE HONNEUR
DALI ET GALA

达利发给毕加索的电报。电报表示，几天之后，他将作一个演讲以表敬意。

那年春天，弗朗西斯·吉洛特的书《与毕加索生活在一起》出版了。书中对毕加索颇多苛责。达利对此大为反感，并说“天才是无可争辩的”。五月一日，他决定将几束铃兰放在正在大皇宫展出的毕加索的画作下面。尽管这种敬意在新闻界引起了反响，但毕加索继续保持沉默。

在生命的最后几天里，毕加索向两位挚友透露：“在内心深处，我深深地喜爱达利，我本可以高兴地和他再见面，他总是让我很开心，但我不想让他利用我们的重聚来炒作。”

是哪一种不可逾越的障碍有可能阻隔这两位艺术天才呢？1933年的一天，毕加索——他是信任达利的——借钱给达利买了去纽约的机票，在那里，达利可以找门路。可随着声名日增，这个加泰罗尼亚人多少有点忘乎所以了，他对朋友们揶揄地谈道，现在毕加索大概会要他还钱了。但是他没有同西班牙的骄傲沟通好。一气之下，默甘的大师一言不发，且永远关上了他的大门。

……·达利经常被人指责为诡计多端或是装腔作势的人。实际上他从不伪装成另外的样子······

1960年，一群小女孩在给达利拍照。

萨尔瓦多制造了达利

达利夫妇不仅个性变化无常，就连私下里和公开场合下的衣着也大异其趣……

在加达克斯，加拉总是一成不变地穿着一件宽松上衣和牛仔裤，或是一条棉质的紧身衬裤，而她那著名的夫君则身穿和服式宽松长袍、衬裤或是帆布便鞋。但是在纽约和巴黎，他们始终衣冠楚楚：加拉身着夏奈尔套装，天冷则外套黑色的貂皮衣，老是同样的那件。而达利则身穿双排纽扣的西服，细条纹的或是不带条纹的。只有在某些特定场合，大师才会一身古怪的小丑服或是潜水服。

达利和加拉站在一处虚构的街道标志下，上面写着“萨尔瓦多·达利街”。

但是，达利给他们夫妇的优雅平添了自身的独特之处与一眼可辨的风格。

他那两撇抢眼的小胡子是二十八岁时蓄起来的。最初是又细又平的两道，像是画笔描的。就在战争期间逗留美国的日子里，他将胡子留得越来越粗，并让它向上弯曲起来。这两根“宇宙的触须”诀窍何在？就是要每日细心地用匈牙利香蜡打理。

他所引起的公众的敏锐关注，也许只有毕加索比得上。再加上他那些在每个公共场所都会挥舞一番的银雕头短杖，那种被拖长的音节夸张得重音突出的腔调，这样你就能走近这个最具公众魅力的二十世纪画家了。

但是，这个魅力超凡的人物，尽管他有本事将嘈杂不堪的人群镇得鸦雀无声，有时却也要经受考验。一天晚上，在他回酒店的路上，一位专业摄影师拦住他请求给他摄影。他做了个业已成为老习惯的手势，眼睛睁得大大的凝视着照相机，还一边舞动着他的手杖。

当摄影师给他一张票去拐角处的店铺取他的纪念品时，意想不到的事发生了！他一怒之下将票撕得粉碎，他纳闷的是，这个星球上是否还有别的人不知道神圣达利。

……“有时神圣达利能做下一些平凡达利决不能得逞的事”……

《伟大的手淫者》，达利，1929。

手淫者

1929年，他以此作为他的第一幅大型油画的标题，这本身就构成一种超现实主义的极端表现。当时，他的那些赤裸裸的著述和访谈——依据常情，迄今为止也只能秘密地在忏悔室里悄悄耳语——表明他不是手淫成癖，就是一种纯粹的挑衅。

萨尔瓦多·达利说起他的手淫习惯，全然厚颜无耻，他能不厌其烦地揭露手淫的所有微妙之处。他不仅沉溺其中——这毕竟是个相对陈腐的事实——而且他还把它视为一个富有创造性的、能促进和激发灵感的元素，与他的利比多或偏执狂等量齐观。

可是他的手淫并不只是精神的。大师达利证明——庆幸的是在少有的场合——在这方面他罕有的积极主动。二十世纪四十年代中期，当时他在好莱坞做各种设计，他同康斯坦丝·韦伯——一个年轻的模特组织了一个裸体集会。多年后她谈起了她的那次倒霉遭遇。

当时，她在同一个姿势保持好长时间后，就在沙发上躺下来放松一会儿。不料达利突然向她扑过来，急速地将精液射在她的乳房上，接下来更糟糕的是，他开始舔自己的精液。惊恐之下，这个年轻的女子逃到盥洗室洗净自己并穿好衣服。

刚才这几秒钟之内所忍受的，即使在她最色情的幻想中，她也决不可能设想其中的十分之一，可当她返回来，看到的却是一个非常温文尔雅、无拘无束的萨尔瓦多·达利。他无比谦恭地为她打开门，作为匆匆告别，他向她吐露："我不会进入你的身体，因为我对加拉是忠诚的。"

1969年，达利为玛丽安·霍夫曼画裸体。

……“达利正在变得越来越像斯大林主义者。而且，恰好我不由自主地会有这种倾向：一旦有人遭遇侮辱和陷害，我就会为他们两肋插刀。”……

《特别的幻觉，钢琴上的六个列宁幻影》，达利，1931。

没有目标的骑士

许多达利式的挑战，都是由一些为无望的目标而战的鲁莽冲动引起的。除了吸引媒体的注意，激起丢人的和激烈的反应，这些挑战还允许他充分地试验他的“说服力”……

从年轻时起，达利就引起了每一个公开的敏感话题。在这方面，1929年是令人难忘的一年。四月，出版了《一条叫安达鲁的狗》，这是一部与路易斯·布努埃尔合作的电影，片中难忘的一个场景是割开了一只眼睛。8月，加拉——一个已婚并有一个孩子的母亲，离开艾吕雅跟了他。到12月，在巴黎的一个展览会期间，年轻的煽动者在圣心教堂的多彩石印画上题写了下面的话：“有时候，我喜欢唾我母亲的肖像。”这种不敬的言辞招致了来自家庭与公共道德的愤怒抨击。

随后他大言皇皇地宣布对粪便的爱好、希特勒具有“可食性”，替斯大林作辩护，又三言两语地表示支持佛朗哥[1]，为几个古典画家正名，让现代艺术戴绿帽子，并且表达了对金银的过度的爱慕，对于这些敏感的话题，每一次在人们看来还是小心避开为好。

从那时起，公众的评价就不可挽回地分成两个截然不同的阵营。一边厢板着面孔谴责有加：“达利是法西斯主义者，达利是性变态者，达利是恶棍。”另一边则是铁杆支持者，这些人，因为知道应怎样看待这一切，简直就是惊呼道：“这个达利，多么大胆！他将怎么摆脱这件事？下一次他又会做些什么考虑呢？”

1969年，一位女士为废除死刑征集签名，地点设在莫尔瑞斯酒店的达利沙龙。达利看着这个场面，走上前去并宣称：“作为一个天主教徒，使徒和罗马人，我反对死刑。”可当女士的脸上刚刚浮现微笑，他马上接着说：“但我完全赞成酷刑！”

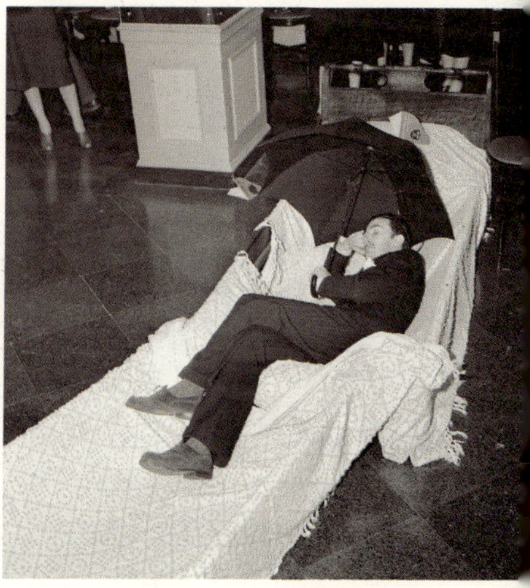

1939年，4月26日，在沃里克旅店举办的众多名人参加的床设计竞赛中，达利躺在自己的床上。伞的意义没做说明，这是大师自己的主意。

1　佛朗哥（Franco, 1892–1975），西班牙政治家，军事家，法西斯主义独裁者，西班牙长枪党党魁。——译注

……"说到广告宣传，别人比我做得好过一千倍。看看耶稣吧，如果你也把自己钉在十字架上，多棒的宣传啊！"……

达利在自己的头像边摆姿势，为朗万巧克力做广告。1973年于巴黎。

达利标识

萨尔瓦多·达利的推销活动不局限于在1969年为著名的朗万巧克力所做的电视广告，也不限于他于二战时期在美国为领带与袜子的商标所设计的各种肖像。他毕生所致力推销的产品就是他自己。

他很快认识到，在这个新的世纪里，对于一桩国际性的事业来说，光有天才是不够的。他无论如何也要努力站到舞台的中央，留在聚光灯下。他独自打拼，凭天才所试验成功的各种技艺，可以媲美那些本色当行的专业人士。

从这样一条简单的原则出发："被人议论是最重要的事。"所以他一直在故意制造轰动效应。竭力吸引媒体的注意力，这是最便宜的广告。

他创造了一个公共角色，发明了一些他并不具备的缺点，比如贪财，让人们长期怀疑他的心智是否健全，将他的公共生活变成永久的活报剧，泄露一些有关手淫的假私密，事事炫耀、煽情，处处高谈阔论。

他的聪明容许他总是撞上好运气，尽管他所维护的一些观点令人震惊，但争论发生了，文章也连篇累牍地出现了，这正是达利所期待的。达利从朗万巧克力广告中所获得的好处远胜过这个产品本身从中所收获的。而当问及他做这一广告的动机，他回答说：

"在巧克力上投入五分钟，能给予我三年时间极为舒适地去创作同一幅画。通常人们工作是为了赚钱，我赚钱是为了能够工作。"

1961年，达利一身圣诞老人打扮，戴着一顶自己设计的叫做"达利情结"的帽子。

……我不说“蝴蝶”，我说“蝴儿蝶蝶”……

1961年，威尼斯凤凰歌剧院，在18世纪的喜歌剧《西庇阿在西班牙》排练期间，艺术家达利亮相于他为此剧所作的设计之前。

“蝴儿蝶蝶”

达利每天使用的语言是法语，尽管他说得一口流利的法语，他还是喜欢用一种糟糕的口音来说英语，开心地将它转换成一种新奇的、习语流畅的有达利特色的语言。

他说话的特点在于像说西班牙语一样发卷舌音“R”，同时保持最浓厚的法语腔调，并时不时地夹上一个加泰罗尼亚语字眼。这一招真还奏效，它迫使英美访谈者总是给大师达利的电视镜头加上字幕，好让观众能听得懂。

达利说美国人实际上没听懂他说些什么，还说当他们奇迹般地捕获一个单词或是一个达利式的表情时，他们就欢呼起来：“事实上，他们是在为自己听懂了我所说的而喝彩，”他吐露说。这种小小的游戏给了他极大的快乐，并且在较大程度上丰富了他的原始形象。在纽约，你若是想制造轰动效应，要比在欧洲下更大的工夫。有一天，达利穿着豹皮衣，戴着一顶弗里吉亚尖圆锥帽，沿着麦迪逊大街人行道成Z字形行进，乐过之后，他对朋友说：“瞧，这里真是不可思议，竟然没有一个人注意我！”

1951年复活节游行期间，史蒂夫·艾伦与伊娃·加博在纽约圣巴特里克大教堂前面采访达利。

有好几次，他那特有的腔调造成了荒唐的闹剧。一天晚上，在圣里吉斯旅馆，达利被一股浓烈的燃烧气味弄得惶恐不已。因为担心着火，他立即给住在隔壁房间的秘书打电话，但秘书没有回音。达利发疯似的冲出屋外，砰砰砰敲着邻居的门。一个穿着晨衣、戴着卷发夹的睡眼惺忪的妇人将门打开了。

达利完全歇斯底里了，叫喊着“foc! foc!”他说的是加泰罗尼亚语“火！火！”妇人被眼前这个留着胡子的疯子深更半夜的狂呼乱叫惹得火冒三丈，她劈头就是一句：“滚你的蛋！”[1] 说着砰地一声将门关上了。

1 原文为And fuck you too! fuck与foc谐音.

……“在所有见到我的人的眼中，我发现了自己的实质……从根本上来说，我真实的喜剧形象比真实本身要好些”……

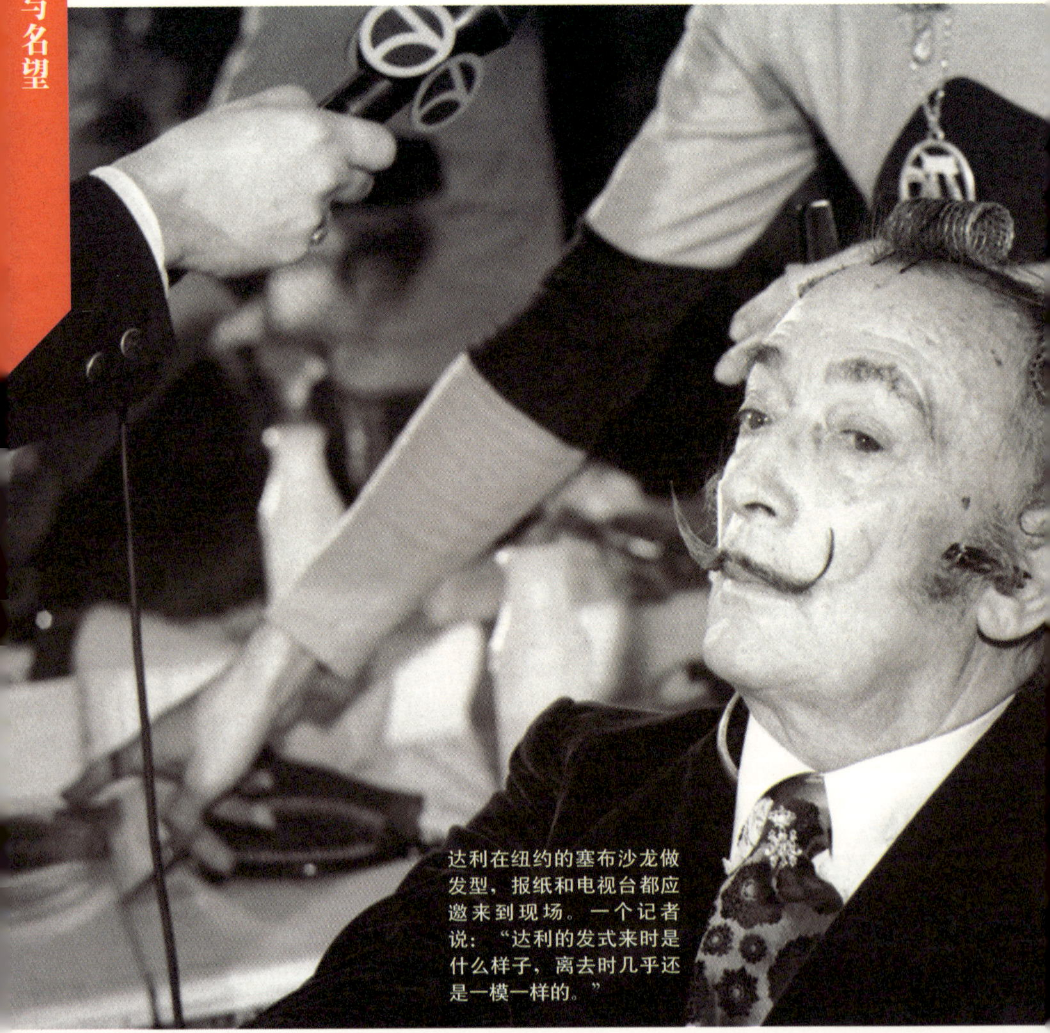

达利在纽约的塞布沙龙做发型，报纸和电视台都应邀来到现场。一个记者说：“达利的发式来时是什么样子，离去时几乎还是一模一样的。”

媒体机器

达利很快就领会到，媒体在二十世纪的社会中将要扮演重要的角色。他不甘心于仅仅做一个寂寂无名的不幸的画家，他决定与两种互补的姿态密切配合，这就是挑衅与公开呐喊。

不管怎么说，达利天生就喜欢挑衅，这是不成问题的。另一方面，他追求并维系着同新闻界延续终身的关系。这是他的一种消遣。他明白事情的最基本的道理。为了镜头的闪耀，麦克风的就位，新闻的漫天飞舞，他不得不制造一个事件。

以下这些事姑且算做其中的例子吧：用子弹射击来作平版石刻画，签名售书时穿得像个小丑、宇航员或是圣诞老人，带着一根十二米长的巨型法国棍式面包到记者招待会现场，将模特们装扮成龙虾、羊排、咖啡勺……不胜枚举。

对记者们而言，“达利”，就是一个理想的“话题”。大体上，在巴黎与纽约这些地区，有些记者甚至从不挪窝去找别的素材，而是巴巴地等着达利到来，作秀开场。“神圣达利驾到”——读着这样的标题以及伴随而至的日日都有的新闻，时时都有的报道，足以让一个政客嫉妒得两眼发绿。

他享誉全球的名声，堪与摇滚歌星或是政府首脑媲美，对于一个画家来说，这真是绝无仅有的。毫无疑问，因为他总是在兜售他的标新立异与达利元素，而不是他自己的绘画。

达利头脑非常清醒。这么做人人皆大欢喜。达利得其所求：名声与广告。而媒体得到的是讨论、轰动效应与争议。无论是面对那些诽谤者，还是那些担心他的正业会被左道旁门完全淹没的朋友，他都是耸耸肩回答道：“谈论我吧，始终谈论我吧。哪怕只是说说关于我的好事儿。”

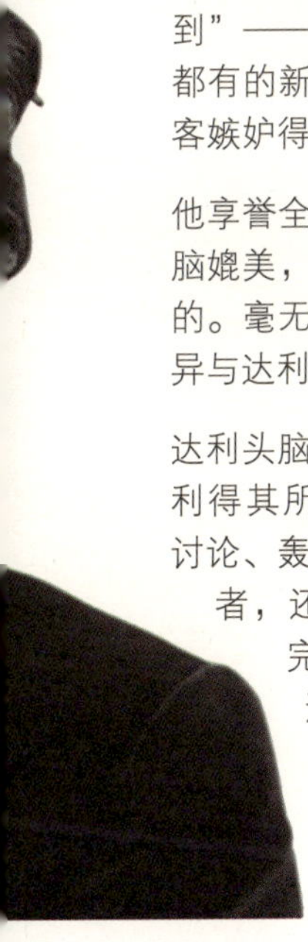

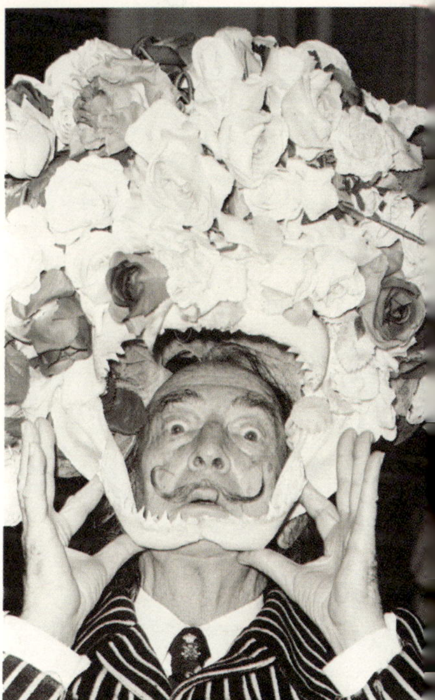

达利的头钻进了一个装饰着玫瑰的鲨鱼颚里。摄于1975年

……“我是个很糟糕的画家，但首要的是在一段时期内，这是没有意义的”……

	技巧	灵感	色彩	主题	天才	构图	创意	神秘感	真实性
列奥纳多·达芬奇	17	18	15	19	20	18	19	20	20
梅索尼埃	5	0	1	3	0	1	2	17	18
安格尔	15	12	11	15	0	6	6	10	20
委拉斯开兹	20	19	20	19	20	20	20	15	20
布格罗马	11	1	1	1	0	0	0	0	15
达利	12	17	10	17	19	18	17	19	19
毕加索	9	19	9	18	20	16	7	2	7
拉斐尔	19	19	18	20	20	20	20	20	20
马奈	3	1	6	4	0	4	5	0	14
维美尔	20	20	20	20	20	20	19	20	20
蒙德里安	0	0	0	0	0	1	0.5	0	3.5

上表为达利对众画家所作的评估。

达利和他的同时代人

在创作的真空里，画家们通常孤独封闭，自我膨胀。若是请他们对同时代人的作品作出评价，他们往往难以表达。达利也不例外。当被问及对当代艺术的总体看法时，他高声大气地叫喊道："不—值—一—文"，冒出一股强烈的敌意……

他唾弃塞尚，给他取了个有趣的绰号：来自艾克斯[1]的"多情种子"。他完全推翻了现代艺术，特别是抽象派艺术。他称其为"弱智的典型"。实际上，他认为康定斯基[2]和阿尔普[3]的追随者们已将抽象派引向了死胡同。在建筑方面，他诋毁勒·柯布西耶[4]，而将他的同胞高迪[5]捧到了天上。

另一方面，他恢复了梅索尼埃——一位十九世纪风俗画与战争题材画家的名誉，并不停地吹嘘他的三位杰出大师：拉斐尔、委拉斯开兹以及代夫特[6]的维美尔。少有几个幸免的是乔治·德·基里科[7]，他认为基里科对他的世纪有一定的影响。还有胡安·米罗[8]，米罗在达利早年曾经帮助过他，而且也是加泰罗尼亚人。还有勃拉克，他的天才固然受到达利的赞美，但他的作品却也被达利讽为 "考—古—学"。

他的画家朋友（他确实有几个）是乔治·马修，特利莫伊斯和列奥诺·费妮。至于毕加索，尽管达利揶揄、有时甚至挖苦他，但达利从不会忘记1926年当他在巴黎与毕翁相识时，后者的才气如风吹扬沙般将他折服了。他承认后者的天分超过他自己，本身是很有实力的。

但是达利，作为一个极端的超现实主义者和性喜挑衅的人，他对其他画家所做的不仅仅是粗野的结论，他就像天真的艺术学生一样，给他们一一打上分数，随后还出版了这本笔记，《古代与现代画家的争辩》。如此一来，他得罪了许多的批评家、博物馆和艺术协会，但是他也从不断增多的"粉丝"那里获得了更多的恭维与奉承。终究，这对他来说才是至关重要的。

《奥林匹亚》，爱德华·马奈的名作。1863年，此画当年曾引起一场非议。

1 艾克斯，法国南部城市，塞尚描画过四周乡村的景色。——译注
2 康定斯基（W. Kandinsky, 1866–1944），俄国画家。——译注
3 阿尔普（Jean Arp, 1887–1966），法国雕塑家，画家，诗人。——译注
4 勒·柯布西耶（Le Corbusier），20世纪最著名的建筑大师、城市规划家和作家。——译注
5 安东尼奥·高迪，（Antonio Gaudi Cornet, 1852–1926），西班牙建筑师，塑性建筑流派的代表人物。——译注
6 代夫特：荷兰的城市。——译注
7 乔治·德·基里科（Giorgio de Chirico, 1888 – 1978），希腊裔意大利超现实主义画派大师。——译注
8 胡安·米罗（Joan Miro, 1893–1983），二十世纪绘画大师，超现实主义画派天才之一。——译注

……荣誉就像一根火柴，你只能点燃一次。”（马塞尔·帕尼奥尔）……

马塞尔·帕尼奥尔（Marcel Pagnol，1895–1974），法国剧作家，小说家。法兰西学院院士。——译注

达利于1978年当选为美术学院成员的有关文件。

官方的认可

1978年5月，当达利发现自己是作为一个外籍准会员被吸收为法国美术学院成员时，他已然闷闷不乐，无精打采了。加入这个协会，必须做一些准备工作，为此，大师或多或少准备了几乎一年。

对于这个迟到敬意，他周围的人还是有点小心翼翼的，他们与超现实主义的观点并不一致，主要目的还是要确保达利出席并与收藏家愉快地合作，以便筹备蓬皮杜中心的回顾展。“你的光临就是他们的荣耀而不是别的。”有朋友断言。

达利与画家、美术学院院长菲利克斯·拉比锡。

大师这个乔装打扮的爱好者，迎接着又一个显摆奇装异服的大场合的到来，这也是一个通过显赫的外表来引起媒体注意的好机会。于是，准备开始了。他反复试穿了著名设计师耗时数月精心设计的服装，按照惯例在朋友中间筹措了一笔捐款，作为制造达利所需要的宝剑的花费。剑用的是柔软的托莱多钢[1]，纯金的剑柄上雕刻着加拉的正面像。

1979年5月9日，是个重要的日子。那一天，一些应邀前来的多余的客人引发了一场骚乱，场面闹哄哄的。但是这并不能阻止加拉，一位八十五岁高龄的老人，身着迪奥礼服，跨越楼梯的扶栏，来到她的座位上。当时达利的秘书禁止对事件作任何现场报道，只同一家频道签订了唯一的一份合同，所以照相机与麦克风都没有开启。

达利出场了，十分谦恭有礼，跟随着一队气度不凡的院士，他的出场受到这个庄严典礼的主持人的欢迎。接下来，达利开始作准备好了的首场讲话：“加拉，委拉斯开兹和金羊毛。”可是，该死！大师把他的草稿全都弄乱了，一时间茫然不知所措。于是他尽可能地即兴发挥，大概他正神游于金羊毛、加拉以及佩皮尼昂火车站之间。

美术学院一心想保存这个典礼的实况，早在达利的讲台上放置了一台磁带录音机。但是达利讲话伊始就用拳头猛捶桌子，可怜这台机器很快就完蛋了，什么也没录下。尽管那一天达利算是永享盛名了，但他授封美术学院成员的仪式一点记录也无。

1　托莱多：西班牙中部城市，那里制造的宝剑质量极佳。——译注

······杂志封面上的永远是带着幻象的花花公子达利。不过，在聚光灯外的是一个平凡的达利：住在自己选择的地方，和他的挚友们在一起，满怀激情、疑问和恐惧······

5 私密生活

加拉身着迪奥连衣裙，坐在她普波尔家中一扇以错视画法绘制的门前面。

缪斯和支持者

虽然与她的天才丈夫完全不同类型，但加拉·达利与自己所处的时代，也是彻底格格不入的。她有着特别的个性，在艺术界的地位，就如同玛丽·洛尔·德诺阿依斯在当时的贵族世界的地位一样。

这位缪斯女神明眸善睐，纤腰盈盈一握，声音悦耳动听，从她口中发出的“r”卷舌音带有明显的斯拉夫口音。她的外表总是无懈可击，能迅速掩饰住她和达利之间10岁的年龄差距。她讨厌广告、媒体和任何的党派，声称自己没有偏见，就算会被侮辱、被非难，也要表达自己内心的想法。

不过，她的作用举足轻重。她为她的神圣丈夫不知疲倦地担负起了所有的苦差事。她不仅是妻子和缪斯，她还是母亲（达利的母亲早逝）、司机、保镖、模特、在创作品的首位评论家、审查员、交易商、秘书。她是唯一一个能通过比较达利及其公众角色而对他进行准确定位的人，其中的奥妙，她从未解释过。

有时候感觉到不堪重负，她就会飞往意大利或者法国蔚蓝海岸，和年轻英俊的同伴偷情。这个据说很强硬的女商人，这时远离了公众的注意，卸下面具，大肆挥霍。

快走到生命尽头的时候，为了逃离夏季游客众多的利加特港，加拉让达利为她买下并布置好普波尔城堡。城堡坐落于群山之中，离加达克斯50公里远，这里成了加拉的避难所，她死后也葬在这里。她的天才丈夫如果想到这里探望她这位缪斯女神，只有得到她明确的亲笔邀请信才可以。达利对这种处境非常适应，他甚至承认：“随着时间的推移，我的受虐狂越来越厉害，我喜欢这种状态。”

1940年8月17日，加拉和达利从里斯本乘“艾克桑比翁号”轮船抵达纽约。

……“达利一定是迷醉在十字架海角”……

达利正在利加特港的小海湾中洗“面条浴”。

利加特港

要真正认识一个人，最好是看看他在家中的样子。如果不领略利加特港的迷人之处，谁也无法了解达利的根。在达利还是个孩子时，利加特港就是他的落脚地，而且从1929年开始，每年有七个月的时间，他都和加拉住在这里，过着远离尘嚣的安静日子。

这个小渔村，离加达克斯仅咫尺之遥，隐藏在一个小海湾里，从陆路难以到达。许多年以来，要去那里最好还是走海路。村庄横卧在一片荒芜山脉的斜坡之上，尽头就是十字架海角险峻的岩石。

达利位于西班牙利加特港的家，靠近加达克斯。

层层排列着攀架的葡萄园下方，有一个小小的石头海滩，那里躺着几艘渔船，看上去好像是被丢弃在那里的。海水总是波澜不兴。当地特有的日光照耀在呆滞、粘腻、一望无际的海水上，让人觉得这是一个永恒不变的所在，怀旧之情油然而生。

每年的3月到10月，达利就住在这里刷成白色的连排渔家小屋里。达利成名后财力允许，先后买下了两间，并将它们打通合并起来。大海风平浪静的时候，夫妻俩就乘小船航行到十字架海角，撒网捕捞小龙虾。他们最喜欢的是海胆。

早晨，达利会去海里安静地游个泳，只有喜欢流连于此的天鹅会看到他。海水里混合着鸟的粪便、羽毛，海草生长得异常茂盛，看起来令人生疑，觉得这不像是在地中海，倒像是个沼泽。达利把这叫做洗“面条浴”。

达利对这儿的喜爱是发自内心的。他经常画的这些岩石，对他来说是第二自然，是他所有创造力和创新精神的源泉，通过绘画，他将它们快乐地向全世界传播。“在这里，我学会了重新界定、提炼我的构想。”他说。

……每年的大部分时间，达利和加拉都在加达克斯他们宁静的家中度过……

达利在加达克斯家中的游泳池里。

安乐窝

1930年，卖给诺阿耶子爵一幅画收到两万法郎，达利用这笔钱买下了利加特港一座刷石灰的渔家小屋。当时他们唯一的邻居是位退休牧师。1948年从美国流亡归国后，他们又买下了毗邻的渔家小屋，并把它们全部连通合并。

房屋的内部由加拉设计，非常朴素，朴素得几乎像修道院。在入口处迎接来宾的是一头大熊，它还兼做拐杖架。再往里是一间图书馆，装饰着几只填充鸟，珍贵的书籍都被故意放在两个高得够不着的书架上，还有一间圆形起居室，里面配着矮矮的沙发。

达利家的鸽舍和利加特港海湾。

接下来是画室，设计得相对古典一些，摆放着来自达利式世界的各种用具。画室的尽头是一个小小的错层空间，达利称之为他的“刻奇剧院”。整座房子只有一个卧室，这样夫妻俩就能小心地保护好自己的隐私，而所有访客，不论是重要的熟人还是亲密的朋友，都只能住进附近的旅馆。

屋子外面，有一个很大的阳台式花园，从最上方的水泥墙倾斜地延伸到最底下的小凸码头。还有一个巨大的天井，非常漂亮，里面装饰着几只巨大的茶杯，以及一张铺着瓷砖的马蹄形桌子。爬上天井中的楼梯，就能眺望到装着两只巨蛋的壁龛。一条叫做“银河”的长长的水泥路在花园中蜿蜒，路边有一个用当地大理石制作的宝座，达利喜欢坐在上面照相。

再远一点，那儿的装饰就非常具有超现实主义风格：一个阴茎形状的泳池，一头连着一个半月形的壁龛，这个壁龛用一个老收音机的聚苯乙烯包装材料做成，象征着阴道。这是神圣达利的私人专用泳池，只有他能在这里故意把海胆踩进游泳池底……

……“人们在一生之中，总会有一刻意识到，他们崇拜我。”……

“被遗忘者的马车”，穿着棕色衬衫的奥图罗·卡拉米亚，正在往马车上爬。

相伴终生

每当接受采访的时候，甚至四下闲逛的时候，达利总是在对一切的人和事发表意见。然而有那么少数几个人，虽然他们对他而言举足轻重，他却从不提起他们。他小心翼翼地把他忠诚的内在圣地隐藏起来，避免他们受到任何的歪曲。

奥图罗·卡拉米亚，达利的圈内人都知道他是“忠诚的奥图罗”，一位画家朋友将这个17岁的卡达加斯男孩介绍给达利，他便开始为达利工作。他担任达利的司机、水手、仆人及园丁。主人不在的时候，他负责照看他们的家；他们每年有七个月住在利加特港，饮食起居都由他一手操办。

他总是体贴入微、细致周到。当加拉在利加特港去世的时候，他毫不迟疑地用一张毯子裹住她，将她送到普波尔城堡，然后才宣布她的死讯。还是他，在男主人死之前七年里，每天驱车50英里从加达克斯到普波尔，然后再开20英里从菲格拉斯回自己住的村子，就是为了在这困难时期照看好男主人。

达利的遗愿是想要一个秘密葬礼，并要求遮盖住面部，可是被人们掉以轻心忽视了。还是他，含着泪，在棺盖合拢前将一块洁白的手帕盖在他终生之友的脸上。忠诚不渝的他，在他的神圣主人去世一年后，也撒手人寰，享年57岁。

不过，这些不为人知的人们还是留下了一个纪念品。1971年一个晴好的日子里，达利请摄影师马克·拉克鲁瓦为普波尔这群忠于他的人拍下了永恒的一刻。他们围着一辆四轮马车，加拉坐在驾驶座上，达利很少见地被发配在一个普通男仆的位置。介绍他们的时候，达利会说：“这些人，是我生命中最重要的人，没人知道他们。”看着这张照片，达利怀着感激之情将它命名为“被遗忘者的马车”。

加拉站在普波尔城堡的台阶上。

••••••• “当你站在帕特农神庙、断臂维纳斯、那不勒斯湾、尼亚加拉瀑布跟前的时候，你是不会产生最伟大的思想的。它们来自微不足道的事物：一条林荫道、一条电车轨道、一间浴室……我们每个人都有自己的佩皮尼昂火车站”••••••

《佩皮尼昂火车站》，达利，1965。

佩皮尼昂火车站

20世纪60年代，佩皮尼昂火车站被神圣达利宣布为“世界中心”，也是他一幅最有名的画作的标题，最重要的是，佩皮尼昂火车站是一个重要的、宗教仪式的中途停靠点，是创作和再创作的过境休息站。

临近秋天，在利加特港安静、紧张地工作6个月后，达利和加拉驱车前往巴黎，这是他们进行娱乐消遣和推广作品的第一步。之后，他们会在冬天去纽约办正事。

最新的作品得运往这两个地方，他们必须首先在佩皮尼昂停留。在发走作品前，加拉得先过海关。达利就在火车站里独自等上两三个小时。就像任何一个将要展示自己最新作品的艺术家一样，他对自己的灵感和天才十分疑惑。

他买了一堆的杂志，坐在一条长椅上翻看，慢慢放松下来。他拿出准备在弗伦斯和索留吃的食物开始吃起来。这时候，他想到一些关于法国的疯狂念头……想到美国一些奢侈的主顾……

佩皮尼昂，达利眼中的“世界中心”。

在佩皮尼昂火车站的玻璃屋顶下面，达利的两种人格在发生转变。画家、隐居的创作者会躲藏在公众人物这个面具下，一直到第二年春天。

“突然之间，在闹哄哄的到站大厅，在每一个人面前，我无法动弹，无所事事，感到极度的满足，无比的快乐，尊崇的理想在我脑中闪过，我的灵感喷涌而出。突如其来，我无比敏锐地看到我本该创作的那幅画的幻影，它纤毫毕现，正是我找寻了整个夏天的画……”

……“**我**是个糟糕的懦夫，常常担心一切会事与愿违。”……

1955年达利在利加特港。

卸下面具

达利喜欢每一个自我表现的时刻，一有机会他就极尽讽刺之能事，对我们所有的社会符号进行取笑。了解了这一点，就很难想象得出，在这种挑衅式的表面下，隐藏着一个敏感、神秘的男人，谨慎、害羞到了近乎胆怯的地步。可是……

还是个孩子的时候，达利就很害怕昆虫，尤其是蚱蜢。把它们画进作品里，有助于治疗他的恐惧症。青年时期，他认为自己无法满足女人。和他的超现实主义朋友们去妓院时，他离那些妓女们远远的，都还不太了解人们是怎么染上性病的。所以当1929年加拉遇见他时，他还是个处男，满脑子都是青少年时代的天真想法。

萨尔瓦多·达利，这个多面男人，手拿一根拐杖和一个金制狮头在摆造型。

她很快成为他的依靠，他抵御外界的堡垒。他那不由自主四处留情的疯狂劲儿，自从遇到她后就不治而愈了。不过只要这位艳光四射的缪斯女神感染了病毒或是得了严重的支气管炎，他就会在一天之间苍老十岁。事实上，他知道，没有加拉，他就会完全迷失方向。

他承认自己是个懦夫，当朋友们身处困难时，他发誓说自己永远无法承受这种困难。不管在日常生活中还是在他的想象世界里，他都过得没有一点安全感。坠落的物体、突然陷入的黑暗或是旁边房间的叫喊声，都能把他吓得跳起来。他特别容易陷入恐慌。因为害怕飞行，他只能坐船越过大西洋。他自己从来没有开过他那辆老式凯迪拉克。

1968年5月，莫尔瑞斯酒店的门房预先通知他，一个罢课学生代表团想要和他谈谈，他一听吓坏了，做了最坏的打算。他嘱咐他所有的朋友们全呆在那里，以便必要时保护他。结果只来了四名学生，都是未来的医生，他们诚惶诚恐地走进酒店套房，毕恭毕敬地请求大师为他们的运动写篇稿子。知道这么轻易就能打发他们，达利放松下来，连夜为他们写了一篇非常精彩的《我的文化革命》，几天后这篇文章就被他们在街垒旁分发。

……“上校，请带这位女士出去，显然她忽略了在神圣达利的法庭上是不允许争吵的！”……

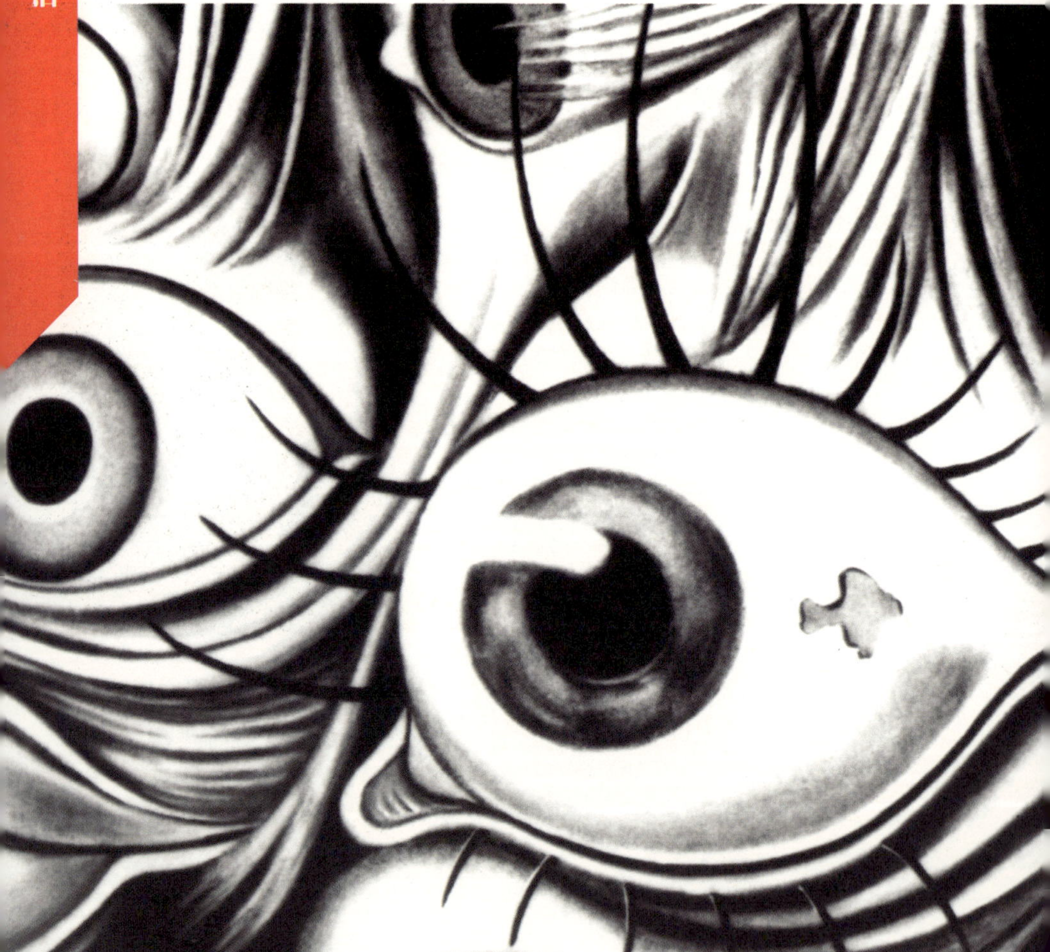

达利和他的第六感……

第六感

成为达利的随行者，意味着不但要智力超群，拥有不凡的社会地位或财富，并且还能在“豪华吉普赛人”（这是摩尔上校创造出来的词汇）当中游刃有余。

习惯活跃在时尚圈中的达利，是一位十足的绅士，他从不会忘记向女士行吻手礼。对男性友人，他喜欢拥抱，因为他觉得握手不自然。达利天性好学，有着强烈的好奇心，他显然喜欢试探别人的想法，而不愿意讲述自己的故事。许多来访者对此很是吃惊。他们通常是想来打探达利的情况的，可是到会见结束才发觉一直是自己在喋喋不休地谈论自己，最后被主人习惯道别时说的一句“你好”给打发走了。

夫妻俩一年里总有半年的时间像游牧民一样住在各种豪华酒店里，他们结交了成百上千来自各行各业的人。他们通常很快就能凭直觉确定哪些是“上帝的选民”[1]，并且让他们成为自己当中的一员。达利和加拉知道如何向少数几个人开放他们的私人空间，但是一旦觉得有人可能背叛他们或者最终令他们失望，他们也会毫不客气地摆脱掉这个人。

20世纪60年代末，达利在默尔瑞斯酒店的套间总是人满为患。一天，达利正在房间的一个角落里接受采访（由高蒙电影公司拍摄），这时候又有一群人进来了，其中有一个60岁的时髦男子。他打着浅灰色的毡制短绑腿，戴着毛莨黄手套，拄着一根拐杖，是一位来自布鲁塞尔的大艺术交易商。他想见达利，希望洽谈生意。

一片喧闹声中，房间里的电话响了。有人接听后很明显地对着那位优雅的老者做手势，电话是找他的。那老者很尴尬，却还是拿过话筒，……嗦嗦讲了一大堆。达利从会客厅这头看到那头，将这一幕尽收眼底，他停下采访，瞪圆眼睛看着这个无礼的冒犯者，很大声地对他说：“先生，不要急于把你没到手的东西卖出去！”话音刚落，那个艺术交易商只得悻悻离场！

1 “上帝的选民”源于《圣经》For many are called, but few are chosen，意味着幸运的少数人——译注

不是什么人都可以接近达利。

……“我是一个身体力行的无神论者。”……

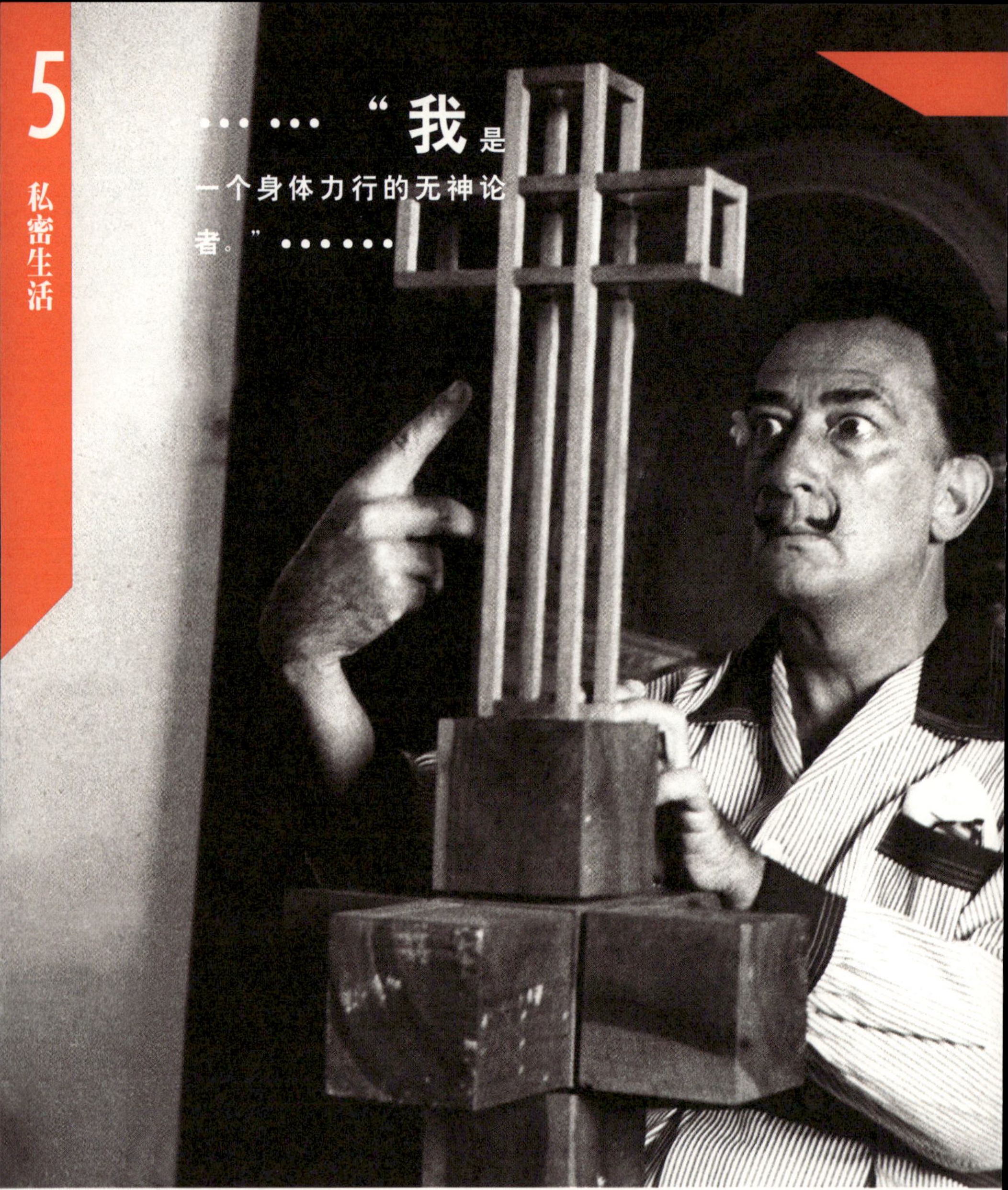

1960年，达利在加达克斯家中。

信仰和迷信

众所周知，当提及迷信的时候，加拉-达利夫妇通常看法完全一致。他们会按照某种准则来决定是否约会、出行以及结交新朋友，而这种准则有时毫无理性可言。

达利夫妇非常喜欢13这个数字，他们经常选在13号这天举行达利式聚会。丈夫有展览的时候，加拉常会找算命者解读塔罗牌，一直到年纪很大，她都乐此不疲。

有次他们去拜访友人，加拉一如既往地抱怨几下后就离开朋友走到花园草坪，她看起来比以往都要可爱、漂亮，开始专心致志地看着什么。东道主奇怪她怎么不像是在观察他们的鲜花，最后看见她喜出望外地回来，得意地挥舞着一束至少有十个小小的绿色战利品，这才明白：原来这一个多小时里，她一直在草地里寻找幸运草。

作于1968年的一幅阐释歌德《浮士德》的版画的一角，中央有神秘的回文：

SATOR
AREPO
TENET
OPERA
ROTAS

达利的信仰相比之下就比较让人捉摸不定，不过也同样不易动摇，此外，他总是额外关注命运的安排。一天早上，一件礼物送到了默尔瑞斯酒店。那是一本珍贵的图书，用摩洛哥山羊皮装订而成，正文用加泰罗尼亚文字写就，这正是礼物被送来的原因。达利抬起眼来，打开那本书，伸出一根手指往下看。

他指着的那个字是“Cucurou”，“棒极了！”达利说，“这是我出生的村子对面那块岩石的名字！”这个巧合令他大为吃惊、深受感动，他马上致电正在国外度假的加拉，告诉她这件事。挂断电话后，他双膝跪在房间地板上，喃喃低语：“毕加索仍然在保护我！”这是他每次想感谢万能上帝的时候必说的口头禅。

……“今天，科学已经入侵了人类智慧，成为了宗教信仰的阴影。”……

《圣约翰十字架上的基督》，达利，1951。

右图：达利手持他的十字架。

“神圣达利”对上帝的看法

达利常常宣称自己是“天主教徒、使徒、罗马人”。虽然他的家庭不信教，他父亲是一名自由思想者，他却乐于将不敬和挑衅糅合起来，在自己的创作过程中经常探讨大规模的宗教主题。不过这里面正体现着他性格的所有不确定性。

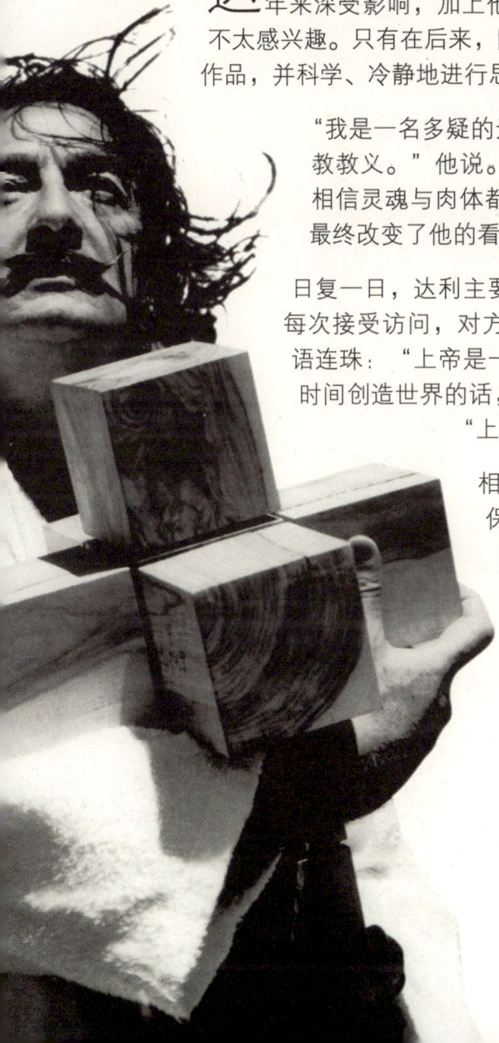

达利父亲的图书馆藏有大量的无神论和亵渎性的著作，青年达利多年来深受影响，加上他笃信笛卡尔哲学和唯物主义，所以对宗教不太感兴趣。只有在后来，随着阅读面的拓宽，尤其是接触到了尼采的作品，并科学、冷静地进行思考后，他才开始产生怀疑。

“我是一名多疑的天主教徒，我绕了个弯路，经由科学抵达宗教教义。”他说。由于在欲望与理性之间不断摇摆，他情愿相信灵魂与肉体都可以复活，但是20世纪科学发展的必然性最终改变了他的看法。

日复一日，达利主要用宗教问题来引起中产阶级的心灵震撼。每次接受访问，对方总是会提到宗教的问题，他轻松作答，妙语连珠：“上帝是一座卡芒贝尔奶酪山。”“如果上帝用六天时间创造世界的话，我至少能用两分钟来谈谈他。”或者是：“上帝不会比我的拐杖尖大。”

相比之下，人生更是令人难以捉摸：除了为保持他挑衅的个性而发表的这些有亵渎意味的言论之外，达利为后世留下了一些非常伟大的宗教名作：《最后的晚餐》、《利加特港圣母》、《格拉斯哥基督》。也许他最终采纳了伏尔泰的方法：“上帝和我从不来往，但我们确实互相敬重。”

……"说我一直在思考死亡还远远不够。它与我如影相随。"……

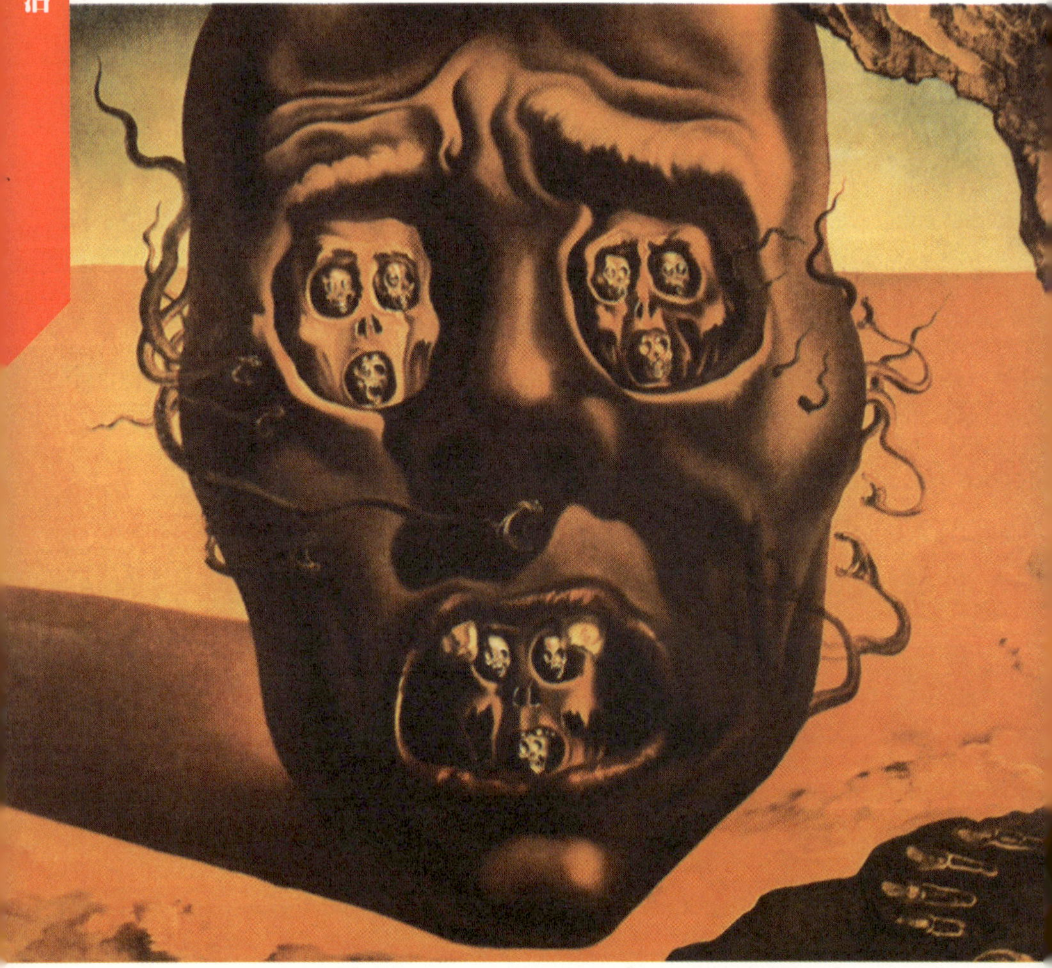

《战争的面孔》，达利，1940-1941。

死亡

死亡这个主题不仅在达利的作品中无所不在，而且也令他终生思索不已。虽然他勉强能接受他的肉体躯壳终将死亡这一事实，但他顽固地拒绝相信灵魂或精神也会死亡，而且准备寻求一切哲学的、科学的或宗教的理论来证实他所确信的这一观点。

达利对别人的死亡有着非常奇特的反应。当他获悉朋友加西亚·洛尔卡刚被枪杀时，他喊出的悼词是“好极了”。对他而言，一位挚友的死讯要分作三个阶段来理解：“首先，我告诉自己是我杀了他。接下来，我会说服自己不是那么回事。直到最后，我认识到这个人的死，以百分之百的达利式角度来看，能够强化我作为一个生者的地位，并有助于我的作品的诞生。”

1951年，菲利普·哈斯曼根据达利的一幅树胶水彩画拍摄了一幅照片，照片中数个女人体排列组成了一个骷髅。达利在这幅照片前摆姿势。

他的作品中大量出现了蜜蜂、蚱蜢、小女孩和骑士。所有死亡和腐烂的象征，都渗透进了达利大部分作品的主题中。

在某些方面，他借助别人的死亡来为自己的死驱魔。但是他知道在这场比赛中，不论他表现得多出色，他也不可能会赢。不可避免的结局仍然在道路的尽头，这无疑解释了他的创作为何过度旺盛，以及为何他总是想要创作更多。

20世纪60年代末，听说美国有项用液氦保存人体的研究即将得到证实，达利看到了一线希望。他对整个进程非常关注，准备付5万美元成为第一个在21世纪复活的20世纪天才。

但是很快，他就认识到这个技术在很长一段时间里都无法得到完善。他所能做的只有像个普通人一样，尽最大努力等待这可怕的终结。他只提出了一个最后的请求：“死后能让记忆长存。”

……“最成功的舞会就是人人都在谈论，自己却从未去过的舞会”……

绿帽子舞会

1982年加拉去世，达利不出所料地就开始进入了衰退。1989年1月23日他与世长辞。达利最后七年的生活艰难凄凉，在这里也就不再赘述了。

不过，在全世界不少国家，政府，地方和某些个人为了各自的利益，围绕这位卧床不起的隐居者的群魔乱舞中，我们还是能发现一丝幽默感。那些处心积虑搞阴谋的，往往会遭遇意想不到的阻碍。

达利主要的遗产当然是他的作品，但是这些作品多年来一直在世界各地的博物馆和私人收藏家那里休眠。画家在美国、瑞士、西班牙银行账号里的流动资产，从20世纪80年代开始，就不知道被谁冻结了。而他在加泰罗尼亚的房产并不值多少钱。

然而版税还是很可观的。由于没有后人能保护他的形象和作品，香水、领带、袜子、T恤和其他刻奇的"达利产品"在全世界泛滥。版税也因此成了众人争夺的目标；他们以此为借口，多年来围绕达利可怜的尸体残酷争斗，使得达利在一生中首次成为一个无助的旁观者。

但是我的护照被没收，以确定我的确死在西班牙；我被隔离、被恐吓，我垂死的样子被展示给全世界；我被迫更改我的遗嘱，被葬在我的博物馆中，而不是和我的缪斯葬在一起；我被掠夺、被伪造……所有这些，和我近一个世纪里曾经有过的无限的快乐比起来简直不值一提，那是达利的世纪，给你们所有人"戴绿帽"的世纪！

你好！

1976年，达利和让·克里斯托弗·阿基雷

萨尔瓦多·达利很像一位魔术师，似乎就要揭晓一切，但却总是把最主要的线索隐藏起来，所以人们想要了解真实的他实际上是不可能的。与他为数众多的传记作者和朋友们一样，在仔细研究过他的一生和作品之后，我也得出了这一相同的结论。

他的朋友，艺术学院院士米歇尔·德翁，在1978年达利被授职的第二天写下了下面的分析文字，在我看来尤其贴切：

“人们很容易把他当成一个疯子，因为他总是用特别平常的感觉说出最令人不能容忍的事情。如果这个引人注目的人（现在他是艺术学院院士）能够停止他的古怪行为，那么所有爱他的人，所有把他奉为天才，或至少把他看做一位出色人才的人都会备感欣赏。我很乐意见到他刮掉自己的尖胡子，不再那样滴溜溜地转动他的眼球，不再醉心于令人难以置信的偶然巧合。他拥有一个艺术家梦寐以求的一切。如果他愿意不再充当传媒明星，他的艺术表现会光芒四射，获得更高的评价，他的作品会被认为是我们这个时代最伟大的作品之一。但那样要求一个能把故弄玄虚上升到教义水平的人而言，也许是有些太过分了。”

要看穿达利的秘密，就要看看这个演员，这个爱恶作剧的人，这个永远长不大的人是怎样找乐子、怎样准备他的下一场闹剧的。有些人为他感到痛惜，认为他所做的这一切浪费了他的精力、时间，损害了他的信誉，毁了他的天分。如果不那么绝对地看，我认为他性格的两个方面是互为补充、必不可少的。

如果达利没有画过《伟大的手淫者》，他会那么频繁地谈论手淫吗？反过来，如果没有在佩皮尼昂火车站真正顿悟，他会画出《佩皮尼昂火车站》吗？

2004年2月的一天下午，阳光明媚，天气寒冷，我坐在利加特港小海湾达利的房子下面，周围的景色曾经陪伴达利走过了50多年的岁月，置身其中，我突然有了两个重要的想法。

这个海湾，面积很小，和大海隔绝，给人感觉这是一个微型的、自给自足的世界。它麻雀虽小，五脏俱全：有水、有陆地、有天空、有岩石。它是一个袖珍宇宙，就像大师一幅画作的画框一样难以割舍。我独自一人，陷入沉思，就如同沉醉于他的作品中一般。

达利画下自己每天看见的风景，并将他的无限天赋和他的超现实主义两个主要要素运用其中。置身于这样一个什么都不缺的可爱小天地，作为画家的达利已经拥有了足够的素材。

第二点就是，他一定已经感觉到自己需要冲破这种长期以来的桎梏和压抑，探索相反的方向。本质上，纽约和巴黎就是利加特港的对立面。达利需要在两种对立面之间生活，以寻求力量和平衡。一方面，他镇定地发挥创造性以改变自己的艺术风格；另一方面，进行必要的再创作以塑造自己的公众角色，并开发利用自己的妄想狂。他的力量和复杂性就在于这种巧妙的融合。

但是他的人格实质上就在于一条简单的原则：从不屈服于周围的一切。他能轻松应付任何集会、任何学科、任何难题，这正是他的魅力所在。有人用尽办法想要陷害他，他却总能巧用计谋，转危为安。科学家、艺术家、政治家、哲学家和工匠都被达利给迷住了，对于他知识的渊博和创新性无不震惊。

达利工作起来永不满足、从不懈怠。他这一生中创造了数量众多的作品、电影剧本，同时还到处旅行，不断引发争论，支持了那么多的戏剧即兴表演，接受采访，做电视广告，而且还能够协调好这种紧张的社会生活与他的私人生活之间的关系，这着实令人吃惊。

步入老年后，达利疾病缠身，加之加拉的去世，他终于无法再指挥这个盛大的超现实主义舞会，一切都在开始走下坡路。大自然赐予了他一切：爱、天才和盛名。难道她是要在他生命将尽之际收回所有的恩赐吗？不管怎样，我们以前一直认为稳固可靠的达利体系开始瓦解，谁也无能为力。

这位大师逝去了。历史翻过了一页。但是这位举世无双的设计师、一丝不苟的雕刻家、想象力无限的画家，最终呈现给我们的是他的作品。早就是时候了——一提到达利就想起他的一幅作品，而不再是他那叛逆的胡子和玩世不恭的神情。

终其一生，达利都在和他自己的恶魔战斗。首先，他留给后世这么多杰作，在某种程度上就已经征服了死亡本身。他的作品只需要三四幅就足以令他流芳百世。

他留下的作品，就是他过去常说的“杰作”，据我们估计数量巨大。如今，在他诞生超过一个世纪之际，它还有待我们去发现和再发现，要揭晓它所有的秘密还为时尚早。

附录

1894年

伊莱娜·伊万诺夫娜·季亚科诺娃，一位莫斯科高级官员的女儿，出生于喀山（俄罗斯）。

1904年

5月11日，萨尔瓦多·达利在菲格拉斯(西班牙)出生。

1913年

伊莱娜被诊断患上了结核病，被送往克拉瓦代尔（瑞士）疗养院，在这里，她与保尔·艾吕雅相识。

1917年

伊莱娜和保尔·艾吕雅结婚。他昵称她为加拉，并将她引入由马克斯·恩斯特、雷尼·马格利特、安德烈·布勒东等人组成的巴黎超现实主义者圈子。加拉成了他们所有人的缪斯。

1918年

达利在菲格拉斯的首次展览深得好评。

加拉和保尔·艾吕雅的女儿塞西尔出生。

1921年

达利母亲去世。10月，他进入马德里圣费尔南多美术学院。结识了路易·布吕埃尔、费德里克·加西亚·洛尔卡。

1923年

因领导了一次学生骚乱而入狱35天。由于质疑学院教师的权威而被圣费尔南多学院开除一年。

1926年

4月，达利第一次巴黎之行，在那里遇到毕加索。10月，最终被马德里美术学院开除。

1928年

第二次巴黎之行，在那里接触了超现实主义艺术家。

1929年

当时还是保尔·艾吕雅夫人的加拉与达利在加达克斯相遇。保尔·艾吕雅独自一人回到巴黎。与布努艾尔合作的作品《一条叫安达鲁的狗》，成为达利进入超现实主义团体的入场券。

1932年

作品被送往纽约参加第一次超现实主义回顾展。

达利-加拉生平年表

1934年
因为艺术和政治观点上的分歧，遭到超现实主义艺术家排斥。

1938年
参加巴黎国际超现实主义展。结识西格蒙德·弗洛伊德。

1939年
在纽约举行首次个展。

1940年
一直到1948年，加拉和达利流亡于纽约。这是达利创作的“古典主义”和“文艺复兴”时期。

1950-1960年
他们返回欧洲。这是达利创作的“神秘主义”时期。创作三维绘画艺术。

1959年
在巴黎展出“卵形输送器”，这是一个达利式发明。

1963年
发表《一个天才的日记》。

1966-1970年
两件主要画作：

《捕金枪鱼》（1966–1967）

《斗牛士的幻觉》（1969–1970）

1970年
达利为加拉买下普波尔城堡（西班牙），她后来长期居住在那里。

1978年
被授予大十字勋章（西班牙最高勋章），当选为法兰西美术学院外国院士。

1982年
6月10日，加拉去世。当达利得到加拉的死讯时，他说：“她没有死，她永远不会死。”

1983年
达利香水出品，香水瓶为红唇形状的是女香，睾丸形状的是男香。达利绘制他的最后一幅作品。

1984年
卧房发生火灾，达利被严重烧伤。

1989年
1月23日，达利去世。在遗嘱中，他将自己的财产和作品捐赠给西班牙政府。

安德烈·布勒东

安德烈·布勒东，专制的超现实主义领导者，是他为年轻的萨尔瓦多·达利敞开了超现实主义的大门。后来，艺术观点上的分歧，更主要是政治观点上的分歧令他们关系受损。

1896年2月18日，布勒东出生于奥恩省的坦什布赖。他的童年是在巴黎地区的庞坦度过的。18岁时，他开始学医，并在《法兰西》杂志上发表了三首诗歌，其中一首是献给保尔·瓦雷里的。

一战期间，布勒东在医务部队服役。他开始对心理分析学产生兴趣，并结识了纪尧姆·阿波里奈尔。后者将他引见给阿拉贡和菲利普·苏波。1919年，他们三个人办了一份杂志，专门发表带有达达主义风格的试验性文章。同年，他出版了《当铺》，在这部诗集中，他与马拉美的诗歌以及自己与苏波合写的《磁场》划清了界限，后一部作品是当时流行的自动写作的实践成果。1924年，布勒东与西蒙娜·罕结婚。在1922年与特里斯坦·查拉以及达达运动决裂之后，布勒东和他的团体转向了超现实主义，并于1924年发表了著名的《超现实主义宣言》，详细阐述了超现实主义的基本原则。从此，布勒东成为了超现实主义的领导者。1926年，布勒东认识了一个叫娜嘉的女人，他灵感迸发，创作出了以她命名的著作，这部著作体现了超现实主义所有重要主题（爱情、梦想、生活与诗歌的关系）的精髓。

1927年后，布勒东成为一名激进的共产党员，1935年，因为在文化方面的观点分歧，他被开除党籍，这些分歧后来也使他和阿拉贡渐渐疏远。在此期间，他写下了《超现实主义第二宣言》和《连通器》，发表了自己对艺术定义的见解。1934年，与杰奎琳·南芭的相遇驱使他创作出《狂爱》。四年之后，在墨西哥进行演讲时，布勒东与托洛茨基成为朋友，并一同起草了《为了独立的革命艺术》的宣言。他与保尔·艾吕雅断绝关系。

1941年，法国战败后，布勒东前往马提尼克，在那里认识埃梅·塞萨尔，随后前往纽约，参加1942年举办的超现实主义展览。1946年，布勒东与爱丽莎再婚，返回巴黎。战争结束后，他先后为被苏联控制的越南和匈牙利的独立而抗争。在阿尔及利亚战争期间，他是最早签署《121宣言》反对这场战争的人之一。1966年9月28日，安德烈·布勒东去世。他的讣告十分简单：

安德烈·布勒东
1896—1966
我曾寻找时间的黄金

路易斯·布努艾尔

路易斯·布努艾尔和萨尔瓦多·达利在马德里读书时相识，一起完成了他们的第一部电影。对路易斯·布努艾尔而言，这是他奇妙的电影生涯的开端。

路易斯·布努艾尔出生于卡兰达（西班牙阿拉贡省），是家中七个孩子中的老大。他来自一个中产阶级家庭，接受过严格的宗教教育。17岁时，他前往马德里学习，在那里结识达利、加西亚·洛尔卡，并参加达达运动。1925年，他来到巴黎。电影对他的吸引力越来越大，最后，是弗里茨·朗执导的《三生记》（又名《疲倦的死》），令他决意要成为一名导演。1928年，他还是一名电影系学生，就参加了《厄舍古厦的倒塌》的拍摄。同时，他还实验创作剧本并在马德里大学成立了一个电影俱乐部。还是在这一年，他与达利一起制作了他的第一部故事片《一条叫安达鲁的狗》。影片得到了超现实主义艺术家的赞赏，标志着他们进入超现实主义团体。

两年之后，也就是1930年，《黄金时代》引起公愤，路易斯·布努艾尔离开巴黎，去好莱坞呆了几个月。他后来主要待在美国，经历很丰富，当过导演、编剧、大使馆专员。因为他信仰马克思主义、无政府主义，反对教会干预政治，最终被迫迁往墨西哥，继续他的事业，拍出了一批著名影片：《被遗忘的人》、《克鲁兹的犯罪生涯》、《魂断花园》。在这些电影中，他故意营造一个充满暴力、死亡、时间颠倒的超现实主义世界来引起人们的震惊。1961年，《维莉蒂安娜》被认为是在公开指责西班牙宗教禁忌，再次引起公愤。之后，他又拍出了数部杰作……《特丽斯塔娜》、《白日美人》、《泯灭天使》、《女仆日记》。1972年，他因《资产阶级的审慎魅力》一片获得奥斯卡奖。1977年出品的《朦胧的欲望》，是他最后一部电影。1983年7月29日，他在墨西哥逝世。

米歇尔·德翁

达利交往的文人不仅仅只有超现实主义者。他与作家兼记者米歇尔·德翁共同创作了《萨尔瓦多·达利的秘密生活》。

米歇尔·德翁，1919年8月4日生于巴黎。他一家人都在军队和公共服务部门供职。战争爆发前，他在学习法律。战争之初，他被征召入伍，1942年退役之后，他为《法兰西行动》和其他一些杂志担任编辑，当时他正在创作他的第一部小说。

1950年，美国的教父母让他前往美国学习路易斯安纳州凯詹人的语言。回到法国，他开始出版小说，于1956年成为普隆出版社的文学顾问。他两度获得文学奖：1951年，《我永不想忘记》获得“尼斯城奖”；1954年，《苍白的上帝》获得“七人奖”。之后，他担任文学评论家，同时与圆桌出版社合作。从1969年开始，他往返于希腊、爱尔兰和巴黎。接下来，他又获得一连串奖项：1970年《小野马》获“联合文学奖”，小说《淡紫色的出租车》获法兰西学院“大奖”，1976年《托马斯和上帝》获得了一个欧洲的儿童文学奖。1996年，他因所有工作而获颁吉奥诺奖。

1978年6月8日，米歇尔·德翁被选入法兰西学院。

保尔·艾吕雅

诗人保尔·艾吕雅与达利最初的联合缘于对超现实主义的共同兴趣。他们在达利前往巴黎的旅途中相遇。但是几年后，艾吕雅和达利有了另外的交集：加拉。

保尔·欧仁·格兰代尔，1895年生于圣德尼市，他是一位银行家和一位服装设计师的儿子。1912年，这个天资聪颖的学生染上了肺结核，不得不中断学业，到瑞士克拉瓦代尔疗养院疗养。在那里，他遇见了加拉，一位来自俄罗斯的妙龄少女，并与之陷入爱河。他写下了他最初的诗歌。1914年，保尔·艾吕雅被征召入伍，作为一名护士送往前线。在那里的经历给他的一生都打上了烙印，激发他在1916年创作出诗集——《责任》，在这本诗集中，他表达了对战争的极端憎恶。这是他第一次使用保尔·艾吕雅这个名字，艾吕雅是他祖母的娘家姓。1917年，他与自己心目中的缪斯女神——加拉结为夫妻。他在1919年发表《和平颂》后加入超现实主义团体（由安德烈·布勒东、路易·阿拉贡和菲利普·苏波组成），那时加拉也成了这个团体的缪斯。接下来的一年，艾吕雅与达达主义者共同出版期刊《格言》。与大多数超现实主义者一样，艾吕雅对绘画艺术和实验文学都很感兴趣，不过他也十分欣赏古典诗歌。1926年，由于与加拉关系不稳定，他出版了他最有名的诗集之一《痛苦之都》。三年后，加拉离开他，与达利共同生活。后来，保尔·艾吕雅认识了一位来自阿尔萨斯，名叫努施的年轻女子，为她写下了大量情诗：《爱情，诗歌》、《迅即的生活》。1933年，艾吕雅因为看法不同被法国共产党开除，但他继续游说议员，以便让诗歌得到普及。他的作品有着明显的特征：文字简洁、高度隐喻。

第二次世界大战期间，艾吕雅投身于法国抵抗运动。他秘密发表了《翻开的书》和《诗与真理》。他的诗作《自由》还被空投到敌后。战后努施的去世令艾吕雅陷入绝望：他发表了《时光流溢》。不过，三年后他遇到了多米尼克——他的第三位也是最后一位缪斯。她激发他写下的最后的爱情诗收录在一本叫做《凤凰篇》的诗集中。虽然重病缠身，保尔·艾吕雅还是有足够的时间在去世前出版了他最后的作品——《诗歌之路》。1952年11月18日，保尔·艾吕雅逝世，享年57岁。

费德里戈·加西亚·洛尔卡

西班牙诗人，达利的知己，两人还是学生的时候在马德里认识。他们很少合作，但是他们的作品都具有这些特点：蕴涵天主教教义，反复以欲望和死亡作为主题。

费德里戈·加西亚·洛尔卡，1898年出生于安达卢西亚地区格拉纳达省。他的父亲是一名乐师，母亲是一名教师。加西亚·洛尔卡与一些吉普赛朋友一起长大，吉普赛文化后来对他的创作有着深远的影响。年纪不大的时候，他的文学和音乐天赋就开始崭露。1918年，在前往卡斯蒂利亚的途中，他出版了他的第一本书《山河印象》。一年之后，他在马德里的大学生公寓认识了达利。他们成为非常亲密的朋友。

1921年第一部剧本失败后，洛尔卡发表了诗歌并组织了一次“深沉之歌”（安达卢西亚歌唱技巧）的比赛。1927年，他的戏剧《玛里亚娜·皮内达》首次上演，由女演员玛格丽塔·席尔古主演。次年，他发表诗集《吉普赛谣曲》，这部诗集演绎了一部宏伟的安达卢西亚史诗。洛尔卡在西班牙名声大振。1929年和1930年，他在古巴和美国演说。回到西班牙后，他又潜心写作。他的作品深受安达卢西亚和吉普赛文化影响，长于表达忧郁、激情和死亡。

1931年西班牙共和国建立，他得以成立自己的剧团——“巴拉卡”，政府出资让剧团进行一次巡回演出，让西班牙那些没受过教育的人们第一次接触到了伟大的经典剧作。1933年，他的剧作《血染的婚礼》讲述了一个关于荣誉与死亡的、充斥着暴力的爱情故事，在所有西班牙语国家取得成功。其续集《耶玛》于1936年面世。《耶玛》是他的三部曲中的一部，遭到了极右分子的猛烈抨击。

因为一位斗牛士朋友的去世，他写下了《斗牛士伊格纳西奥·桑切斯·梅希亚斯挽歌》。1936年，他创作出《贝尔纳达·阿尔瓦之家》，完成了自己的三部曲。西班牙内战后，他支持的“人民阵线”夺得政权，当时洛尔卡正在格拉纳达省。因为他的政见，他被佛朗哥的支持者逮捕，在1936年8月19日未经审讯便被枪杀。

乔治·马蒂厄

就像他的朋友萨尔瓦多·达利一样，乔治·马蒂厄是一位大胆而又多才多艺的艺术家，也把自己的天才运用到了建筑设计和广告宣传上。

乔治·马蒂厄1921年1月27日出生于滨海布洛涅。他学习过法律、文学和哲学，后来在1943年成为一名英语教师。当时，他创作了他的第一幅油画。3年后，他帮助组织了为30岁以下的艺术家举办的“巴黎沙龙画展”，他自己的作品也被展出。他追求的是一种摆脱了一切正式的、美学的限制的艺术，他称之为“抒情抽象”。可以与他的艺术造诣相媲美的是，他作为《联邦路线评论》的编辑，职业生涯也很辉煌。

1950年，他绘制出了第一件被称做“滴色主义”[1]的作品，但是直到1954年才开始在国际上扬名。在20世纪60年代，因为迫切地想看到艺术为人们的生活添姿添彩，他开始设计家具、珠宝和广告招贴。作为一名实用人文主义教育体系的

---

1 滴色主义是第二次世界大战后直到50年代实验于巴黎的一种绘画风格，与美国的行动画派一样，也是听凭画笔无意识的自发挥动，即主要由直觉和偶发性支配画笔。是法国战后一次较大的所谓“非形艺术”运动的一部分。——译注

直言不讳的支持者，乔治·马蒂厄在这个教育体系中有着一席之地，进入了法国教育部改革委员会。他还参与了一个位于瓦尔的新村庄——卡斯特拉拉的建造。乔治·马蒂厄后来又尝试创作纪念性雕塑，著名的作品有讷伊利的运动系列雕塑。

乔治·马蒂厄曾在全世界举行过超过150次个展和4次重要的回顾展。

路易·保弗尔斯

路易·保弗尔斯是一位新闻记者、作家，对达利非常了解。1989年，根据自己和达利之间的亲密关系，他出版了一本集访谈录、回忆录于一体的图书。

路易·保弗尔斯1920年出生于巴黎，他曾接受过药剂师教育。在二战期间，路易·保弗尔斯是法国抵抗组织成员，被驱逐出国送到毛特豪森集中营[1]。法国解放后，他成为《战斗报》的记者。之后为《艺术》杂志效力，后来担任《玛丽》法国版的主编。路易·保弗尔斯痴迷于科学之谜，在1961年与雅克·贝格出版了《魔法师的早晨》，这本书一夜扬名。随后，他创办了《星球》，这份杂志最初很受欢迎，但是1968年“五月风暴”后不再吸引读者。

之后，路易·保弗尔斯人间蒸发数年，直到1977年到《费加罗报》文化版工作才重新露面。他创办了一份周刊——《费加罗杂志》，很快获得成功。路易·保弗尔斯是一名杰出的新闻工作者，但是他对外来移民问题的顽固态度和对鼓吹种族不平等的“新右派”的支持对他自己极为不利。一直到1993年，他都担任《费加罗杂志》主编，4年后去世。

1 最臭名昭著的纳粹集中营之一，位于奥地利林茨以东20公里处多瑙河畔的毛特豪森村附近。——译注

巴勃罗·毕加索

通常，达利对自己同时代的人评价是很苛刻的，但是他坦言自始至终都非常钦佩毕加索，他认为毕加索比自己更有才华。

毕加索1881年10月25日出生于马拉加（西班牙）。他的父亲是一名图画教师。他12岁展出自己的第一幅素描，14岁入读巴塞罗那美术学校，当时他父亲刚被这所学校委任。1897年，毕加索在马拉加美展中获得金奖，获准进入马德里的皇家圣费南多美术学院学习，20年后，达利也和他一样获准进入该学院学习。不过毕加索从未在那里上过课。在1900年到1902年期间，他去了几趟巴黎，在那里结识了马克思·雅各布。在他第二次去巴黎时，他的朋友卡萨吉马斯自杀。毕加索画下了葬礼的场景。这是他“蓝色时期”的开始。1905年，毕加索在巴黎定居下来，开始了“玫瑰时期”。他对原始绘画艺术有了了解，它引领他的创作朝着一个更为精炼的风格发展，首个这种风格的作品是绘于1927年的《快乐的女人》。画中人物的身体破碎、变形，呈现为几何图案。立体派诞生。从1912年开始，毕加索将油布片、纸片……这些物体拼贴进他的一些画作。在和狄亚基列夫合作，并与一位俄罗斯芭蕾舞演员结婚的一小段时间里，毕加索比较青睐古典主义。但从1925年开始，他的风格突然发生转变，开始创作色彩浓烈的错位人体作品，这正对超现实主义者的口味。1937年，西班牙内战期间，西班牙政府委托已经出名的毕加索创作一幅画。这幅画就是《格尔尼卡》，他众多杰出作品之一。

1940年是毕加索的多产年。他创作了一个剧本——《抓住欲望的尾巴》及有名的雕塑《抱羊的男人》。在此期间，妻子欧嘉的缪斯地位被玛丽·德蕾莎·沃尔特、摄影师多拉·玛尔和弗朗索娃·吉洛取而代之。在长达数年的时间里，斗牛成了他最喜欢的创作主题之一。1948年，他开始创作陶器艺术品，呈现给世人一部内容丰富的动物寓言集，大部分主题围绕人身牛头怪物和公牛展开。不过，却是1949年为世界和平会议绘制的海报上的一只鸽子，成了他最著名的标志。

毕加索在最后一任妻子杰奎琳的陪伴下，在戛纳和穆然度过了他生命中最后的20年。1955年，他参与克卢佐电影《毕加索的秘密》，又重画了几幅大型的19世纪作品。1970年5月，一场大型的毕加索回顾展在阿维尼翁举办，回顾了他60年的创作。

1973年4月8日，毕加索逝世。

皮埃尔·伊夫·特里莫斯

皮埃尔·伊夫·特里莫斯是有幸能与达利一起工作的艺术家之一，他是一位画家、雕刻家，在普通大众看来不怎么有名，但是在艺术圈中很受尊敬。

皮埃尔·伊夫·特里莫斯，1921年1月8日生于巴黎。就读于巴黎美术学院。他很快就引起关注，1943年获得“罗马绘画大奖”。他的作品风格独特、容易辨识，因而一些大出版社请他为马拉美、克洛岱尔、蒙泰朗的许多名著绘制插图。1916年，他与乔治·马蒂厄、查德基恩以及萨尔瓦多·达利合作《圣约翰启示录》。皮埃尔·伊夫·特里莫斯的作品涵盖了绘画、版画、雕塑、陶艺和珠宝。他曾为巴黎歌剧院制作纪念品，当路易·保弗尔斯入选法兰西学院时，他为之设计了一把剑。从20世纪60年代开始，他的画作和设计在全世界展出。1978年，他被选入法国艺术学院。

安迪·沃霍尔

尽管达利对抽象艺术十分吹毛求疵，但是对于波普艺术及其最有名的倡导者——安迪·沃霍尔却是甚为偏爱。而安迪·沃霍尔对于死亡有着“达利式”的迷恋。

安德鲁·沃霍尔来自一个朴实的斯洛伐克移民家庭，1928年在匹兹堡（美国）出生。在匹兹堡卡耐基理工学院学习平面设计后，他于1949年开始从事广告业，当平面设计师。在20世纪40年代，他迷上了政治和美国社会的转型。很快，他不同寻常的包装及唱片封面设计让整个广告界耳目一新。他为《VOGUE》、《GLAMOUR》这些杂志和《纽约时报》工作。他在24小时内为《GLAMOUR》设计出50款新鞋，因而在广告界一夜成名。1960年，他开始绘制《大力水手卜派》和《至尊神探》等连环漫画的场景，后来逐渐认识到以市场为导向的社会也可以成为灵感的源泉。

之后，他开始将不同的商标和大量生产的日常用品的图像通过丝网印刷印制在帆布上。安迪·沃霍尔强调，他的作品可以很轻易地印刷出来，就像他自己手绘一样，从而证明了丝网印刷原则是正确的。安迪·沃霍尔是一个狂热的收藏家，他收集洛可可式家具、灯具、成百上千的廉价小玩意儿以及成千上万不同款式和尺寸的鞋子。

后来，他还用玛丽莲·梦露和伊丽莎白·泰勒的肖像来进行创作。出于对死亡的迷恋，1963年他全神贯注于“美国梦”这个主题，那段时间几乎所有作品描绘的不是暴乱，就是死刑。他把工作室变成了一个工厂流水线，聘请了十几个人大量生产他的系列作品。

1968年到1972年，安迪·沃霍尔拍摄电影，其中大部分都是即兴作品。他拍摄了《吻》、《帝国》、《切尔西女郎》，并制作了米克·贾格尔、毛泽东等名人的肖像。在20世纪80年代，他的作品数量达到天文数字。作为波普艺术最顽固的人物，他是纽约“地下文化”的挂名领袖。在1987年去世之前，他一直都在帮助推动纽约年轻一代艺术家的发展。1990年，在蓬皮杜中心举办了沃霍尔回顾展，吸引的参观者超过30万名。

达利著作：

《非理性的征服》 纽约：JULIEN LEVY，1935年。

《萨尔瓦多·达利的秘密生活》 伦敦：VISION PRESS，1948年。

《一个天才的日记》 纽约：DOUBLEDAY，1965年。

《达利的公开信》 ALBIN MICHEL，1966年。

《达利的达利》 纽约：ABRAMS，1970年。

《隐藏的面孔》 纽约：WILLIAM MORROW，1974年。

《关于古老的现代艺术的课程》 GRASSET，1974年。

《是的》 GONTHIER，1979年。

《一个少年天才的日记》 EDITIONS DU ROCHER，2000年。

《达利的激情》 圣彼得堡：萨尔瓦多·达利博物馆，1985年。

菲格拉斯达利剧院–博物馆

达利剧院–博物馆是在以前菲格拉斯剧院的遗址上建造起来的，于1974年落成。20世纪60年代末，正当达利在研究博物馆的设计时，菲格拉斯市政府将被毁坏的市立剧院提供给他。这座剧院是在西班牙内战期间被炸毁的。“如果不在我自己的家乡，我又该把我最华丽、最坚固的作品建造在哪里呢？市立剧院，或者准确地说是它的遗址，在我看来十分理想，原因有三个：首先，因为我是一个极具戏剧性的画家；第二，因为剧院就在我受洗的教堂前面；最后是因为，我的第一个画展就是在这家剧院的门廊举办的。”

博物馆收藏的达利作品涵盖很广，从他最早的艺术实验、印象派、未来主义和立体派作品，到超现实主义运动期间的作品，一直到他最后的作品，应有尽有。达利剧院–博物馆是一件显示其强大审美力的奢侈品，我们必须把它作为一个整体、一件萨尔瓦多·达利的伟大作品来看待，因为里面的一切均由达利构思和设计，这能让参观者有机会了解达利独特、迷人的世界。

地址：菲格拉斯E-17600
加拉–萨尔瓦多·达利广场
达利剧院–博物馆
电话：（00 34）725 118 00
www.figueresciutat.com或www.salvador-dali.org

7月—9月上午9:00—下午7:45
参观者必须在下午7:15之前进场
每日开放

1月—6月，10月—12月上午10:30—下午5:45
参观者必须在下午5:15之前进场

闭馆日期：1月1日，12月25日及每周星期一（银行假日和银行假日前夕除外）